Vivre le Kâma Sûtra

Vivre le Kâma Sûtra

23 positions inspirées du texte indien de référence

Linda Sonntag

traduit de l'anglais par Jean Brunet

Guy Trédaniel Éditeur
65, rue Claude-Bernard
75005 PARIS

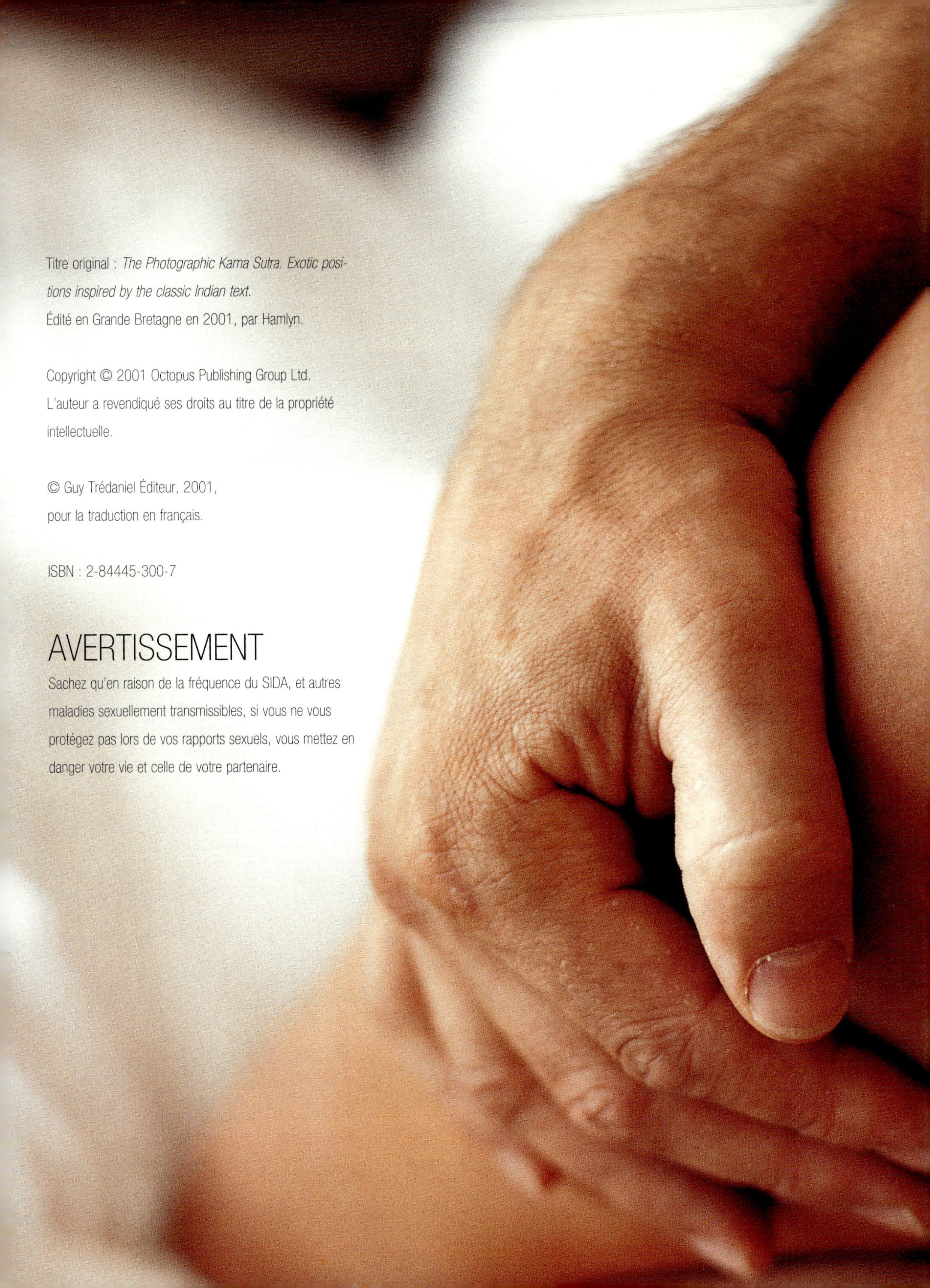

Titre original : *The Photographic Kama Sutra. Exotic positions inspired by the classic Indian text.*
Édité en Grande Bretagne en 2001, par Hamlyn.

ISBN : 2-84445-300-7

AVERTISSEMENT

Sachez qu'en raison de la fréquence du SIDA, et autres maladies sexuellement transmissibles, si vous ne vous protégez pas lors de vos rapports sexuels, vous mettez en danger votre vie et celle de votre partenaire.

Sommaire

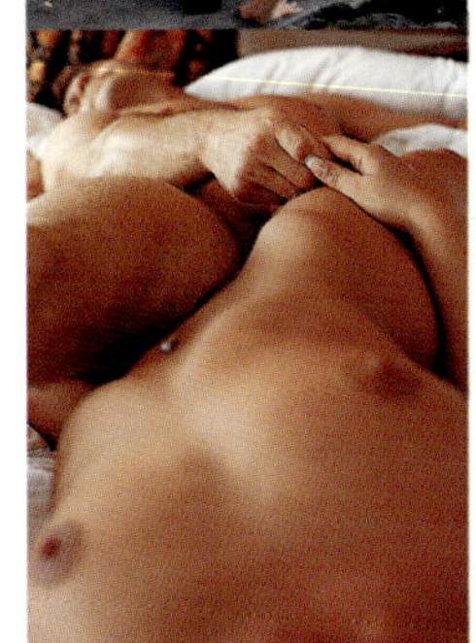

À droite: L'imagination des artistes indiens est illimitée. dans cette scène des plus oniriques, les personnages, experts en sexualité acrobatique, savourent les délices du fantasme.

Introduction

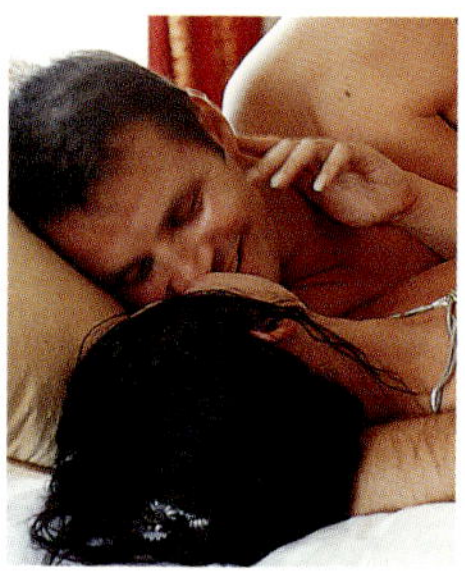

Dans l'Inde antique, comme ailleurs à cette époque, le sexe et ses ressources potentielles étaient célébrés et explorés. Ainsi à Bénarès, entre le Ier le IVe siècle, Vâtsyâyana, philosophe et saint homme dont on sait peu de choses par ailleurs, rédigea tout ce qu'il avait pu découvrir sur les pratiques de ses congénères dans le Kâma Sûtra, guide précis des convenances sexuelles alors en vigueur. Cet ouvrage – dont le titre veut dire «La science du plaisir» – véritable traité plus que livre de chevet, est le fruit de recherches que son auteur dédiait à la déesse de toute extase. Il reflète le milieu privilégié – où paresse, luxure et intrigues dominaient – dans lequel celui-ci évoluait. La haute société indienne n'avait alors qu'un but, la recherche du plaisir par la séduction et le sexe, ses obsessions. Aussi amorale et matérialiste qu'elle ait été, elle était également ouverte à la spiritualité, le sexe en étant considéré comme le tremplin d'accès.

Les vécus transcendant temps et rang social engendrent un sentiment d'accomplissement de soi et une joie intenses qui font voir les problèmes existentiels sous leur vrai jour tout en permettant d'agir avec noblesse et sérénité. Or, le rapport sexuel régi par l'engagement affectif est une manière de vivre cette transcendance. Par ailleurs, les sages de l'Inde antique ont découvert que le yoga en est une autre. L'association des deux donna naissance au tantrisme, sexualité à dimension spirituelle. Le yoga – mot signifiant littéralement «union» – aurait été inventé par le dieu Shiva, maître de la danse, pour s'accoupler avec Kâlî, puissance créatrice originelle. Le tantrisme énonce que les femmes détiennent une énergie spirituelle supérieure à celle des hommes et que ces derniers ne peuvent s'unir à la divinité que dans un rapport sexuel sacré – avec une femme – présentant une forte charge affective.

Toutes les positions que *Vivre le Kâma Sûtra* présente par étapes successives sous forme photographique, décrites avec finesse par des miniatures, s'inspirent du yoga. Certaines, sinon toutes, exigent des amants force physique, grâce et souplesse, qualités conférées par une pratique régulière de cette discipline, outre des atouts tels que connaissance de soi, aptitude à la détente et dynamisme accrus. Initiez-vous progressivement à ces poses; qu'elles inspirent votre itinéraire sexuel. Mais ne vous efforcez pas de prendre celles qui ne vous seraient pas naturelles. Et que la déesse vous accompagne!

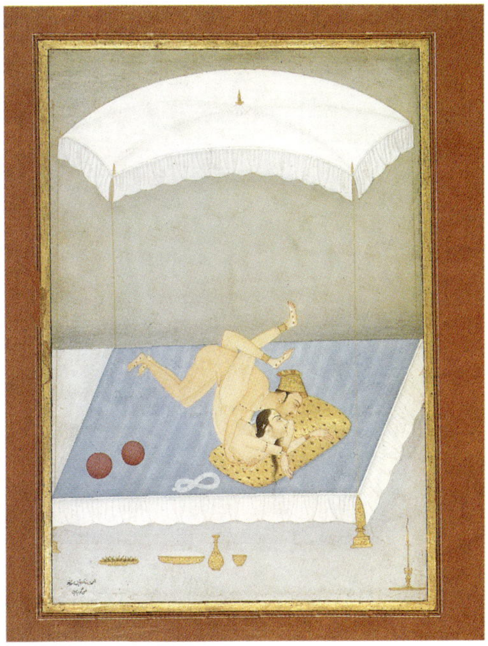

Ci-dessus: Le yoga donnait force et souplesse aux corps des amants de l'Inde antique. Toutefois, on a peine à croire que certaines des positions décrites par les miniatures du Kâma Sûtra puissent jamais être mises en pratique.

La conscience du corps

La tête

C'est la partie du corps la plus proche des cieux, et son port indique votre attitude à l'égard des puissances supérieures. Apprenez à la tenir comme le fait un danseur, en vous représentant une fleur qui s'épanouit au soleil, illustration du port de tête idéal: debout, sentez vos pieds nus au contact du sol; puis, mentalement, remontez jusqu'à votre bassin, et imaginez qu'il est une cuvette remplie d'eau; de là, votre colonne vertébrale s'étire vers le haut, telle une plante tendue vers le soleil.

Les femmes orientales portant des récipients sur la tête se déplacent avec élégance et ont une allure altière. Alors, imaginez-vous ramenant du puits l'eau dispensatrice de vie dans un pot en terre cuit dans votre propre four. La tête en aplomb vertical, votre silhouette fluide se détache sur le ciel bleu tandis que vous avancez, posant les orteils sur la route sableuse avant les talons. Ainsi, la marche consciente des sensations perçues vous enseigne-t-elle votre corps. Et lorsque vous vous baissez pour ramasser un bracelet tombé de votre poignet, veillez à plier les genoux pour maintenir le pot en équilibre sur votre tête, exercice auquel on peut se livrer n'importe où, n'importe quand.

La chevelure est considérée comme la demeure de l'âme. Lieu où convergent caractère, dynamisme et sexualité, elle possède un pouvoir magique en tant qu'amulette sexuelle. En outre, au cours de l'histoire et dans le monde entier, les amoureux ont échangé des boucles de cheveux à titre de gages. Dans le même esprit, certaines traditions culturelles veulent que, à leur mariage, les chevelures des fiancés soient shampouinées dans le même récipient, puis tressées ensemble, ce qui est un présage de fécondité. En Inde, la danse des rubans, cousus ensuite sur les parures nuptiales, joue un rôle identique : les hommes se déplacent dans le sens du soleil (des aiguilles d'une montre) et les femmes en sens contraire (celui de la lune), symbolisant ainsi l'union des sexes. Dans la danse du 1er mai, les rubans représentent les rayons du soleil et de la lune.

Ci-dessus: Pour une femme, soins du corps et parure avant l'amour physique sont de délicieuses prémices à la détente érotique.

Chevelure, dieux et vitalité sexuelle

La pensée tantrique énonçait que les femmes peuvent activer les forces créatrices et destructrices en liant et déliant leurs cheveux. Ainsi, Kâlî déchaînait-elle de violents orages, ses longues mèches libérées se muant en sauvages volutes reptiliennes avant d'apaiser les cieux en les peignant. Son compagnon chevelu est Shiva, dont les mèches rebelles, symbolisant l'énergie créatrice et sexuelle de l'univers, ne doivent jamais être coupées sous peine de castration, à l'instar de Samson. Même aujourd'hui, l'Indien porte le cheveu long, pris dans un turban, afin de préserver sa fécondité.

Autrefois, l'enseignement du Kâma Sûtra, qui portait, entre autres sur la beauté capillaire, intégrait l'art des teintures au henné, parfums et onguents, celui des tresses, perles en chapelet, turbans, crinières et petits chignons fleuris. Si la chevelure avait la faveur, les hommes rasaient leur barbe et les deux sexes s'épilaient le reste du corps. La riche courtisane désireuse de jauger un amant potentiel, lui envoyait shampouineuses, chanteurs et bouffons. Si leur rapport était flatteur, elle s'efforçait de le séduire par une danse érotique à l'efficacité de laquelle participaient ses cheveux défaits, frictionnés aux huiles parfumées, brassant librement l'air, animés par de fougueux mouvements de la tête.

Ci-dessous: Trempée de sueur et défaite, la chevelure d'une femme est plus belle pendant les ébats qu'après une séance chez le coiffeur le plus talentueux.

Les yeux

Ci-dessous: C'est par l'échange silencieux, permanent et profond des regards que les amants découvrent leurs caractères et leurs souhaits.

Vos yeux sont un caléïdoscope de sentiments que distillent couleur et lumière. Ils révèlent vos états d'âme non censurés par la réflexion, plus vite, plus intensément, plus fidèlement, mais aussi de manière plus subtile, et plus fugace que les mots. Leur éloquence exprime inconsciemment les premières étincelles de l'attirance sexuelle immédiate. Puis ils se font hérauts du désir : un regard suffit pour que deux corps s'enflamment et, au gré du feu qui s'ensuit, le pouvoir sans fard des yeux inscrit l'acte d'amour dans l'éternité.

Certaines personnes s'efforcent de cacher les sentiments traduits par leur regard perdant ainsi, hélas, charme et beauté, car devenant moins authentiques. Certes, le véritable échange exige du courage parce qu'il révèle nos faiblesses comme nos atouts et que, plongeant dans celui de l'autre, nous risquons d'être emportés, comme par un courant irrésistible. Prenez votre temps. Si vous êtes subjugué, rappelez-vous que regarder est un échange dans lequel on apporte de l'énergie, et on en reçoit aussi.

Évidemment, la plupart du temps, à l'état de veille, l'œil n'exprime pas d'émotions intenses, son rôle étant de percevoir le monde alentour. Mais il symbolise la perception intellectuelle – ainsi, «je vois» veut dire «je comprends». Juge, il analyse, différencie ... et condamne.

Le mauvais œil

Son pouvoir de condamner terrorise ceux qu'il regarde. Jadis, en Inde, on utilisait des symboles vulvaires (*yoni*) pour s'en protéger. La coquille du *cauri*, amulette des plus efficaces, se portait dans une poche ou en pendentif, mais un simple triangle peint sur la porte de la maison faisait l'affaire. Aujourd'hui encore, en Inde du Nord, les agriculteurs protègent leurs récoltes en suspendant dans leurs champs une représentation symbolique de la vulve de Kâlî.

Dans l'Antiquité, les yeux correspondaient au soleil et à la lune. L'œil droit, lié aux actes et à l'avenir, était attribué au Soleil, et l'œil gauche, associé à la sensibilité et au passé, incarnait un enfant de la Lune. La résolution de cette dualité incombait au troisième œil, celui de Shiva, situé au niveau du front. Les yeux nous séparent de ce que nous regardons. Ils analysent ce qui n'est pas le moi, créant l'altérité, alors que le troisième œil fait la synthèse et

À gauche et ci-dessous: Le cerveau est l'organe sexuel majeur. C'est par les yeux qu'il émet et reçoit les messages porteurs du désir.

unit. Médiateur de la révélation spirituelle, c'est celui du cœur. Mais l'accès à cette vision intérieure implique observation et compréhension de soi.

Le troisème œil

On l'a dit : c'est le médiateur par lequel s'opère la révélation – ou illumination – qui se manifeste souvent dans la frange onirique séparant sommeil et veille. Ainsi, lequel d'entre nous n'a jamais ruminé des jours, et en vain, un problème avant que la solution, soudain, lui «saute aux yeux» à l'instant du réveil? Alors, entraînez-vous à planer durant cette phase-seuil préconsciente fluide et colorée, où votre créativité, libérée, donne le meilleur d'elle-même. Faites-le avec votre partenaire en vous endormant, puis racontez-vous vos rêves et visions au réveil.

Pour chasser fatigue ou stress et vous remettre en forme après une dure journée, allongez-vous et fermez les yeux. Détendez-vous et respirez profondément. Ensuite, concentrez-vous sur votre troisième œil, juste au-dessus du point situé à équidistance de vos sourcils. Inondez-le de lumière colorée et déroulez devant vous un tapis de couleur vive. Levez-vous alors, marchez dessus et imaginez-vous traversant une forêt magique où règles et contraintes quotidiennes sont temporairement abolies, absolument libre d'être vous-même aussi longtemps que désiré. Puis laissez-vous porter par votre imagination. Dès que vous souhaitez mettre fin à cette rêverie, roulez le tapis et reconcentrez-vous sur le troisième œil. Enfin, allongé, accordez-vous quelques instants avant de regagner le monde extérieur.

Les oreilles

De nos cinq sens, l'ouïe, dont les oreilles sont les organes, est celui qui reste fonctionnel le plus longtemps : alors même que toucher, goût, odorat et vue s'affaiblissent, elle reconnaît la voix des êtres chers. Elle est aussi le premier à se développer car, dès le septième jour suivant la conception, l'oreille interne commence à se former pour atteindre sa taille définitive à quatre mois et demi. Le nouveau-né a donc déjà une riche expérience de l'univers sonore; de fait, durant neuf mois il a entendu la symphonie que jouaient battements cardiaques, gargouillements et borborygmes maternels.

La musique

Notre vie est rythmée par la pulsation cardiaque, étalon qui en mesure chaque instant, du premier au dernier, et nous ancre au centre de l'univers. Les premières sonorités – battements du cœur, mélodies intra-utérines – fondent la musique, qui fait connaître à l'âme toute une gamme d'états émotionnels, de la tristesse à l'exultation, en passant par la souffrance. Les oreilles inondées de musique, nous sommes ramenés à la béatitude prénatale, protégés de tout mal, sans responsabilité, baignant dans un monde exclusivement sonore.

Dès le début, la musique, au cœur de la vie religieuse, a célébré et commémoré naissances et morts. Il suffit aujourd'hui de presser un bouton pour inviter chez soi, les musiciens du monde entier afin qu'il joue, apportant guérison, levant les blocages, rendant espoir et ravivant les souvenirs.

La musique occidentale, basée sur le temps, s'inscrit dans la discontinuité, alors que la musique orientale, caractérisée par la répétition de mélodies fluides, s'intègre dans la spirale de l'éternité. Pour vous recueillir, écoutez la musique de cette dernière. Placez des carillons éoliens dans un arbre, près de votre fenêtre; fermez les yeux quand la pluie crépite sur le toit; laissez-vous porter par le hurlement du vent et le fracas des vagues qui se brisent. Mettez une conque à votre oreille. Y entendez-vous le grondement de l'océan ou le vacarme de votre cœur ? Ils sont une seule et même chose. Au printemps, à l'aube, enregistez le chant des oiseaux dans votre jardin et écoutez-le à nouveau les matins d'hiver, lorsque vous vous levez et qu'il fait nuit, pour vous rappeler la saison à venir.

Ci-dessous: Écouter la musique de la nature apaise, dynamise et fait éprouver un sentiment de communion avec l'univers.

Les mots d'amour

Souvenez-vous que l'oreille interne est également l'organe de l'équilibre, celui qui a pour rôle de vous maintenir droit, aussi est-elle objective. Les ondes sonores – vibrations de l'air – sont guidées vers elle par le conduit auditif, via l'oreille moyenne, puis transmises au cerveau sous forme de stimuli électriques pour y être identifiées comme sons, mécanisme complexe permettant la compréhension du langage. Elle joue donc un rôle déterminant dans la communication, fondement de toute relation humaine, ainsi que dans l'épanouissement de nos facultés intellectuelles et spirituelles.

L'oreille est un récepteur. Quand un homme prononce des mots d'amour, ceux-ci, tel son sperme jaillissant en sa compagne, sont pour elle un miel chaud et suave coulant dans son oreille, qui les accueille comme une matrice féconde reçoit la semence. D'ailleurs, dans la Bible, la parole de Dieu, portée par l'ange Gabriel, n'a-t-elle pas joué le rôle du sperme dans la conception de Jésus par Marie?

Durant la journée, l'oreille recueille tant d'informations que le moment vient de vous «débrancher» pour évacuer le bavardage intérieur et incohérent qui résonne encore en vous. Apprenez à faire le vide en vous pour écouter le silence et l'incarner auprès de votre partenaire, faculté précieuse qui amène le cerveau, infatigable, à se déconnecter, pour communier avec vous-même. Rappelez-vous que toute sonorité est destinée à retomber dans le silence dont elle est née.

À gauche: Shiva et son épouse divertissent leurs amis par la musique et le chant, ce qui, jadis, en Inde, préludait souvent à l'amour.

Le nez

Le souffle, symbole de vie, est source de bienfaits, dont l'intuition et l'intelligence. Le nez par lequel nous respirons, est associé à l'intuition, mystérieux sixième sens, certes irrationnel, mais étrangement fiable. Destinées à la célébration des rites antiques, les poudres magiques permettant de communiquer avec esprits et puissances invisibles étaient fabriquées avec les appendices nasaux d'animaux sauvages.

Le nez humain détecte environ 4 000 stimuli olfactifs différents, porteurs d'informations spécifiques. Invisibles et pourtant bien réels, le parfum d'une rose, l'odeur de la sueur de votre partenaire ou l'arôme d'un mets savoureux, donnent du relief au vécu et nous ancrent solidement dans le présent. Rappelant scènes et sensations passées, génératrices de soudaines bouffées émotionnelles, les senteurs sont aussi l'aliment de la mémoire. Elles sont si étroitement liées aux sentiments que, dans l'Antiquité, les Indiens considéraient l'odorat comme le sens à caractère spirituel le plus affirmé. Le parfum, obtenu par distillation à partir de plantes médicinales ou psychotropes, symbolisait la pureté, aussi s'en oignait-on le corps pour les rites sexuels sacrés. Dans les temples, pour plaire aux dieux, on le brûlait à la place de l'encens. À l'occasion des funérailles, on le brûlait et l'utilisait lors de l'embaumement en souvenir des défunts, mais aussi pour les purifier à l'aube de leur nouvelle vie. Les yogi faisaient également grand cas des huiles essentielles. Chaque senteur correspondait à un degré précis d'élévation spirituelle; ainsi, la fleur de lotus était-elle le plus noble des parfums.

Ci-dessous: Dans un moment de tendre intimité, après une nuit d'ébats enflammés, une femme présente à son amant une rose dont le délicieux parfum ravive dans la mémoire du couple le souvenir du jardin où il s'ébaucha.

La maîtrise du souffle

Si le souffle est la vie, nous prêtons bien peu d'attention à la respiration. Beaucoup de gens respirent superficiellement par la bouche et utilisent à peine leur diaphragme. Ils n'absorbent que très peu d'oxygène et seuls les lobes pulmonaires supérieurs sont ventilés, d'où moindres dynamisme et résistance à la maladie. Une respiration correcte fournit au sang une grande quantité d'oxygène dispensateur de vie et régénérateur cérébral. Elle permet la maîtrise du *prana* (énergie vitale), facteur d'harmonie et d'équilibre psychique. Quand vous êtes agité, votre respiration est super-

Ci-dessus: Respirer alternativement par les narines droite et gauche contribue à débarrasser tête et poumons de leurs impuretés. Sentir le parfum exhalé par la peau de votre partenaire est un des plus grands plaisirs.

ficielle, rapide et irrégulière. Lorsque vous êtes détendu et plongé dans vos pensées, elle est lente et régulière. La respiration contrôlée débouche sur l'équilibre émotionnel tout en favorisant concentration et méditation.

La maîtrise du souffle – ou *pranayama* – comporte une série d'exercices qui maintiennent le corps en excellente santé. Respirez par le nez, bouche fermée, pour que l'air absorbé par vos poumons soit réchauffé et filtré. Surtout, faites-le profondément pour que l'intégralité des poumons travaille. Mais l'expiration est la clé d'une respiration correcte car, plus vous rejetez d'air vicié, plus vous absorbez d'air pur. À l'expiration, l'abdomen se contracte et le diaphragme s'élève; à l'inspiration, c'est l'inverse, d'où un massage des organes situés à ce niveau.

Respirez assis, colonne vertébrale, cou et tête alignés. Pour évacuer l'air vicié, faites l'exercice suivant : inspirez lentement et profondément. Retenez votre souffle en comptant jusqu'à quatre, puis expirez énergiquement. Recommencez vingt fois. La respiration alternée par les narines est un autre moyen d'épurer l'organisme : inspirez par la narine gauche, la droite étant obturée par le pouce. Retenez votre souffle, les deux narines fermées. Expirez alors par la narine droite, la gauche étant obturée par vos doigts. Puis inspirez par la narine droite, ... Dernier exercice : tirez la langue en en relevant les côtés pour former un tuyau, comme si vous sirotiez l'air que vous inspirez. Fermez la bouche en retenant votre souffle, puis expirez par le nez.

La bouche

Ci-dessous et en bas: Dans l'Inde antique, les amoureux se parfumaient l'haleine avec des graines odorantes. Déguster un fruit ménage une agréable pause reconstituante pendant les ébats.

Comme les parfums, les saveurs sont insaisissables et indéfinissables. Les biologistes affirment que la langue, selon la zone considérée, n'en perçoit que quatre – acide, sucrée, salée et amère – mais leur univers est aussi riche et nuancé que celui de la couleur. De plus, il est autant soumis à l'influence des émotions, des situations et de la mémoire qu'à celle des réactions chimiques buccales.

Manger et boire sont des plaisirs qu'aiguise la perspective d'ébats amoureux, surtout en plein air : l'herbe est plus verte, le chant des oiseaux plus charmeur, et que dire du goût des fraises échangées lors d'un baiser passionné...? La nourriture propice à l'amour doit être appétissante, colorée, fraîche, originale, disposée avec simplicité sur une étoffe blanche, et tant mieux s'il faut la prendre avec les doigts, comme en Inde! Saveurs marines; jus exquis jaillissants et coulants; pain complet aux noix; crèmes épaisses, riches, onctueuses et reconstituantes; vins pétillants verts qui piquent la langue et fouettent l'haleine; tous préparent le palais pour la fête à venir, aux suprêmes sensations gustatives procurées par la peau, la bouche et les sécrétions intimes de votre partenaire.

Jadis, en Inde, les amants prisaient fort les plaisirs buccaux. La toilette quotidienne intégrait l'hygiène dentaire et, parfois, le noircissement des dents à des fins esthétiques. Chants, rires, conversations humoristiques, prise de breuvages reconstituants alcoolisés à base de fruits, et dégustations de mêts carnés raffinés préparaient la bouche aux ébats. Dès que les amis s'étaient retirés pour la nuit, le couple célébrait un rituel élaboré comportant baisers et morsures réciproques, rituel entrecoupé de pauses durant lesquelles il se restaurait de fruits mûrs. Après l'amour, chacun mâchait des graines parfumées pour se rafraîchir l'haleine, ainsi que des noix et des feuilles de bétel, à l'origine d'agréables sensations de chaleur et d'engourdissement. Les partenaires partageaient aussi un narguilé, fumant cannabis et champignons hallucinogènes, plantes toxiques d'abord dédiées aux dieux. Comme le rapport sexuel lui-même, ces plaisirs faisaient partie du culte sacré.

La langue

Au moment de l'orgasme, pendant son étreinte avec Shiva, la déesse Kâlî (si on en croit les artistes qui l'on peinte) tirait la langue, dont la désignation latine – *lingus* – vient du sanscrit *lingam* – phallus – qui a donné le mot «langage». Autrefois, tirer la langue était un acte sacré symbolisant la pénétration; d'ailleurs, les plis de la vulve s'appellent les lèvres. Si, en Occident, le faire est un affront, en Orient, où le sexe n'a rien de honteux, ce geste est une marque de savoir-vivre.

Les bras et les mains

Ci-dessous et en-bas: Les amants se sont rejoints dans un parc et s'enlacent. Dans le langage amoureux, les gestes des mains sont particulièrement révélateurs.

Après le visage, les bras et les mains sont les parties du corps les plus évocatrices. On s'en sert dans la conversation, la communication muette et la danse pour exprimer maints états émotionnels positifs et négatifs. Acceptation et refus, accueil favorable et menace, joie et chagrin, triomphe et défaite, tous empruntent le langage universel des gestes. Partout, les bras levés au-dessus de la tête signifient reddition et désespoir. Les mains bénissent, maudissent, et leur imposition transfère l'énergie ou confère le pouvoir.

Les bras symbolisent force, puissance, soutien, protection, et sont les instruments de la justice. Brahmâ, dieu hindou, possède quatre visages et quatre bras, signes de son omniprésence et de sa toute-puissance. Ganesh, dieu de la connaissance, à tête d'éléphant, a quatre bras évoquant sa multiplicité, tandis que, innombrables, ceux de Shiva tourbillonnent autour de lui quand il danse.

Chez les hindous, le langage des mains est particulier : l'intrépidité s'exprime par la main levée, paume tournée vers l'avant, doigts tendus; le don, par la supination, doigts dirigés vers le sol, tandis que le poing serré, index tourné vers le haut, traduit une menace. Elles se joignent, doigts pliés, pour adorer et prier, alors que pour la méditation, elles sont posées sur les genoux, en supination.

La danse du serpent

Souples et gracieux, mains et bras disent au mieux vos sentiments, aussi cette danse vous aidera-t-elle à les libérer. Debout, à l'aise et dos droit, paumes tournées vers le sol, commencer par secouer vos épaules comme si vous défroissiez du linge au vent. Faites en sorte que vos bras se déroulent, tels des membres dépourvus d'os, ce qui éliminera les tensions de vos épaules en les échauffant et en y activant la circulation (picotements). Dégagez la poitrine. Levez les bras et laissez-les adopter la hauteur et le rythme qui leur conviennent, comme si le vent les fouettait. Lâchez prise. Respirez à fond et laissez tout votre corps se redynamiser.

Donner pour recevoir

D'ordinaire, notre première relation physique avec autrui s'établit par les mains. Or, quand deux êtres sont en résonance, un simple contact entre eux est lourd de sens. S'ils sont très proches, ils élaborent tout un vocabulaire tactile. Prenez conscience des émotions que, par les mains, vos communiquez à votre partenaire: chaleur humaine, confiance, force, fragilité, prudence, encouragement ou désir.

Par ailleurs, le massage, par son caractère sensuel, offre l'occasion d'une communication muette : chauffez l'huile dans vos mains avant de commencer; puis maintenez une pression ferme et régulière tandis qu'elles parcourent le corps de votre partenaire, gestes coulés unis dans un fondu-enchaîné. Ne rompez pas le contact et ne faites aucun mouvement brusque, générateur d'inquiétude. Fiez-vous à votre instinct, non aux livres. Concentrez-vous sur l'immédiateté et l'unicité de la sensation tactile au lieu d'anticiper le geste suivant. Au fil des zones massées, fermez les yeux et apprenez le corps que touchent vos mains. Assimilez texture de la chair, forme et orientation des muscles, tendons et os; ne soyez plus que perception. Faites-vous douceur sur les parties «nouées», afin de résorber les tensions. Pour la personne massée, votre toucher constitue le seul lien avec le monde. Les sensations s'intensifiant, vous n'existez que par le contact de vos corps. Que le massage se poursuive; qu'il devienne ballet, comme l'eau coulant sur des pierres ou le vent soufflant sur un champ de blé. Vous constaterez que vous recevez en donnant. Après, allongez-vous côte à côte et dormez.

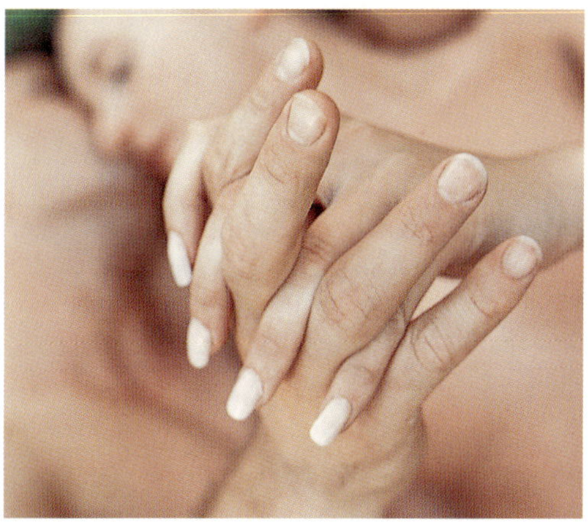

Ci-dessus et ci-contre: Nos mains nous servent pour danser et célébrer les cultes, mais aussi dans nos ablutions, pour soigner notre corps, le caresser, et aimer.

Les seins

Toute première source nourricière du bébé, ils évoquent bien-être, compassion, sécurité, abondance, intimité et protection. Puissants symboles sexuels, voici ce que Darwin écrivait à leur propos: «À l'âge adulte, quand nous voyons un objet ressemblant, par sa forme, au sein d'une femme... une exquise bouffée de chaleur monte en nous, semblant agir sur tous nos sens et, s'il n'est pas trop volumineux, nous sommes tentés de le prendre entre nos lèvres ainsi que nous le faisions avec le sein de notre mère.» Seul un tiers du tissu mammaire produit le lait, et sa fermeté rebondie est une invite sexuelle évidente. Les deux rôles du sein, attirer et nourrir, sont étroitement liés sur le plan psychique. Une remarquable étude portant sur le comportement des soldats américains durant la guerre du Vietnam a démontré que plus la zone des combats était proche, plus ils affichaient de pin-up aux seins nus... et buvaient de lait. Ainsi, risquant leur vie, les G.I. éprouvaient-ils l'impérieux besoin de retrouver – par le sexe – la sécurité du sein maternel.

Frères de lait, au sein de la famille, retour dans le sein de la terre, voilà autant d'expressions illustrant le lien étroit existant entre la poitrine, qui abrite le cœur, la conscience de la naissance et de la mort, mais aussi de l'intégration à un foyer. Se blottir contre la poitrine de sa partenaire et y poser la tête est un remède efficace aux soucis et au stress qui rappelle délicieusement l'amour inconditionnel dans lequel, bébés, nous baignons. Étreignant, étreints et aimés, nous nous détendons et acquérons une conscience identitaire plus aiguë.

Situés entre la deuxième et la sixième côte, constitués de glandes galactogènes noyées dans un tissu adipeux, ils sont soutenus par des ligaments suspenseurs – dits de Cooper – qui leur donnent galbe et maintien. Leur optimum fonctionnel se situe vers 22 ans, âge idéal pour qu'une femme procrée et accouche à terme. Mais pesanteur, manque de soutien et vieillissement sont les grands ennemis des seins fermes. Dépourvus de muscles, ils perdent aisément leur galbe et leur tonicité. Toutefois, natation et danse renforcent la musculature pectorale, de même qu'elles améliorent posture et bien-être. En outre, un massage doux à l'huile chaude accompagné de caresses est relaxant et stimulant. Ce peut être un préliminaire amoureux, le prélude au sommeil... ou les deux !

Ci-dessus: Méditatif, Shiva admire la beauté de son épouse tout en lui caressant les seins, qui semblent éveiller en lui une tendresse particulière.

Voici un exercice destiné à développer chaleur humaine, ouverture d'esprit et générosité: bras détendus le long du corps, joignez les mains devant vous, comme ci-dessus et ci-contre, puis levez-les bien au-dessus de votre tête avant de les ramener à la base du cou, et pressez-les contre les cervicales avant de les relever lentement en arrière, comme précédemment. Faites cela trois fois en vous levant.

À propos de leur volume

Comme c'est le cas pour les sexes, leur taille n'a aucune importance, n'influençant pas la sécrétion lactée. Mais pour un bébé têtant le sein maternel, ce dernier est énorme, tant par son volume que par son importance nourricière déterminante. Cela expliquerait l'attrait que les seins dont le volume a été artificiellement accru par la chirurgie plastique exercent sur certains. On peut en effet y injecter des silicones, notamment pour les raffermir au toucher, outre la forte augmentation de volume obtenu, qui déclenche bien des fantasmes.

Le ventre

En Occident, où il évoque les excès de table, ce mot est péjoratif et tout se passe comme si on devait être totalement dépourvu de ce qu'il désigne, les deux sexes idolâtrant l'estomac ferme, musclé et plat. Or, en Orient, la femme douée de rondeurs lisses à ce niveau possède un atout sexuel majeur puisque le ventre est l'expression de la matrice, donc de la fécondité. Dans la nature, il est symbolisé par cavernes, gorges, sources, mines et espaces invisibles profondément enterrés, générateurs de trésors étincelants. Et la tradition indienne veut que les pierres précieuses se développent dans la roche comme l'embryon dans l'utérus, où Kundalini, l'énergie-serpent, sommeille, lovée autour d'un *lingam* de lumière.

Ci-dessus: Deux jeunes femmes exécutent une danse invoquant la fécondité. La figure formée par leurs bras trouve son homologue dans la géométrie de la marie-louise du cadre suggérant un œuf ou une matrice.

L'utérus

Il est l'espace initial où débute le mystère de la vie. Mais il peut aussi bien dévorer que protéger et nourrir. Une mère peut ainsi incarner le tyran cruel entravant l'épanouissement de ses enfants par leur asservissement à son autorité despotique. Dans toutes les mythologies, les déesses-mères sont ambivalentes, c'est-à-dire tantôt aimantes et compatissantes, tantôt tyranniques et d'une jalousie accablante, Kâlî, au funeste visage noir, ne faisant pas exception. Or, en Occident, on craint de prêter aux mères des sentiments malveillants, d'où l'invention, dans les contes de fées, de la méchante belle-mère.

La matrice terrestre est le lieu où, tous, nous retournons après la mort. Sur le plan linguistique, en anglais, *tomb* – tombe en français – est associé à *womb* – matrice ou utérus. De plus, en latin, *tumulus* – amas de terre situé au-dessus des sépultures vient de *tumere* – enfler, gonfler – qui signifie également (femme) enceinte. Le mot anglais *tummy* – ventre – a la même racine.

Mais alors, comment doit être le ventre? Rentré, il gêne la respiration tout en soumettant épaules et cervicales à une contrainte mécanique. Totalement relâché, il donne une impression d'affaissement. La réponse consiste à adopter un port naturel et à en faire notre foyer de recueillement corporel, car la «conscientisation» comme centre du moi donne confiance en soi et force morale tout en inspirant le sentiment d'avoir les deux pieds sur terre.

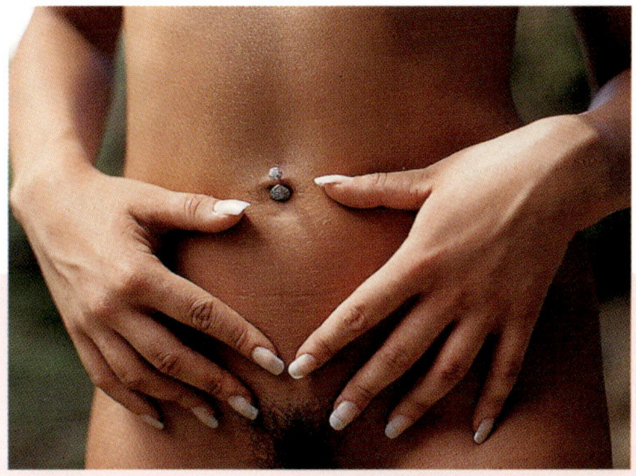

Le rouleau ventral

Pour faire travailler l'abdomen, détendre et sensibiliser votre corps, initiez-vous au rouleau ventral, élément majeur de la danse du ventre. Il mime les contractions du travail (accouchement) et donne confiance en soi sur le plan sexuel. Pouces placés sur le nombril, paumes à plat de chaque côté, ressortez la zone inférieure du ventre, puis rentrez-la au maximum dans un mouvement ascendant accompagné par le diaphragme. Puis abaissez ce dernier en laissant redescendre et saillir votre ventre. Démarrez lentement, recommencez en accélérant et en maintenant un rythme apaisant. Certaines femmes apprécient le rouleau ventral pratiqué en groupe au son d'un tambour. C'est un bon préliminaire à la méditation. Une variante, la «palpitation ventrale», porte sur le diaphragme : retenez votre souffle, ou gardez la bouche ouverte et haletez. Contractez ce muscle et rabaissez-le. Recommencez à faible fréquence, puis accélérez jusqu'à ce que votre ventre soit animé de vibrations rapides.

La rotation des hanches

Voici comment pratiquer cet autre excellent exercice abdominal : debout, détendu, dos droit, bras légèrement écartés du corps, déportez votre hanche droite du même côté en projetant autant que possible le bassin en avant et poursuivez cette rotation des hanches vers la gauche. Ensuite, renvoyez le bassin vers l'arrière, fesses ressorties. Redressez-vous et exécutez une rotation des hanches vers la droite. Décrivez ainsi un grand cercle régulier, comme si vous faisiez tourner un cerceau autour de votre taille.

Les organes génitaux

Jadis, les adeptes du tantrisme vouaient un culte à la déesse Kâlî car, à leurs yeux, elle symbolisait les organes sexuels féminins, source de toute vie, et le plaisir le plus sacré : celui de vivre. Appelé aussi Cunti, sa marque était le *yoni* – vagin – représenté par une bouche, un poisson, un ovale à deux pointes ou un simple triangle. Ce dernier avait autant d'importance pour les pratiquants du tantrisme que la croix pour les chrétiens, si ce n'est qu'il symbolise la vie et l'acte sexuel, alors que la croix est signe de mort.

Le yoni

Il symbolise l'accès à la connaissance et au trésor enfoui de l'extase. À la fois bouche et puits, il prend et donne, dévorant le lingam et apportant la vie. L'engloutissement du sexe masculin a quelque chose d'effrayant, rappelant que Kâlî incarne aussi une force ténébreuse et destructrice. Un dicton musulman dit d'ailleurs que sur terre, existent trois entités insatiables : le désert, la tombe et le yoni. En outre, le concept de castration et de «vagin-ogre» denté imprègne toutes les mythologies, révélant la hantise masculine de se perdre dans un océan d'amour et de désir, traumatisme natal contraire à la normalité.

Par ailleurs, les liens entre bouche et vagin sont nombreux. Ainsi, en anglais, «bouche» – *mouth* – a la même racine lointaine que «mère» – *mother* – et «*yawn*» – bâillement – vient de yoni. Or, ce dernier, doté de lèvres, a longtemps fait craindre aux hommes que, dévoilées, celles-ci ne révèlent la présence de dents. Il y a peu encore, la peur masculine de la castration fondait, dans maintes régions du monde, la conviction qu'un serpent mâle féconde la femelle en mettant la tête dans sa bouche avant d'être dévoré vivant. Les anciens décrivaient l'acte sexuel en termes analogues, déclarant que la femme prend l'homme, non l'inverse car, lors de l'éjaculation, elle consomme son fluide vital. De plus, sperme voulant dire graine et nourriture, le coït avec éjaculation revenait, pour la femme, à dévorer son partenaire. Ensuite, on la considérait comme enceinte en raison de la dilatation de son estomac. En fait, pour l'homme, chaque orgasme est une petite mort, la mort – toute passagère – du phallus.

Le lingam

Comme les vénérateurs de la déesse adorent le yoni, les religions régies par un dieu adorent le phallus. Ainsi, les juifs de l'Ancien Testament vouaient-ils un culte à leur sexe et prononçaient-ils des serments, une main posée sur le sexe de l'autre. Des mots comme at*test*ation et *test*ament aussi – dérivant de *testicules*, voulaient dire initialement *té*moignage. Partout, les symboles phalliques – pierres dressées, colonnes et tours, mais aussi missiles, armes à feu, etc. – signent une religion inféodée à un dieu. Aussi est-il superflu de rappeler ici les expressions faisant l'amalgame entre acte sexuel et agressivité.

Les adorateurs du yoni aiment qu'il soit tonique et musclé pour étreindre fortement le lingam, palpitant et contractile pour rythmer le coït dans l'immobilité. Il peut aussi rester passif, sensibilisé aux pulsations masculines. Le couple peut alors jouir du rapport sexuel tantrique, économe de mouvements visibles, mais exigeant une excellente musculature du plancher pelvien, qui s'obtient ainsi : maîtrisez énergiquement et constamment votre débit urinaire lors des mictions, d'abord en le ralentissant, puis en l'accélérant fortement. Contractez et relâchez au moins 70 fois par jour les muscles de cette région pour les tonifier. Cet exercice est tout particulièrement indiqué après l'accouchement, qui les a beaucoup sollicités; il prévient également l'incontinence. Essayez d'estimer le degré de contraction musculaire. Pratiquez cet exercice au lit avec votre partenaire et, au toucher, sensibilisez-vous aux contractions périnéales de l'autre.

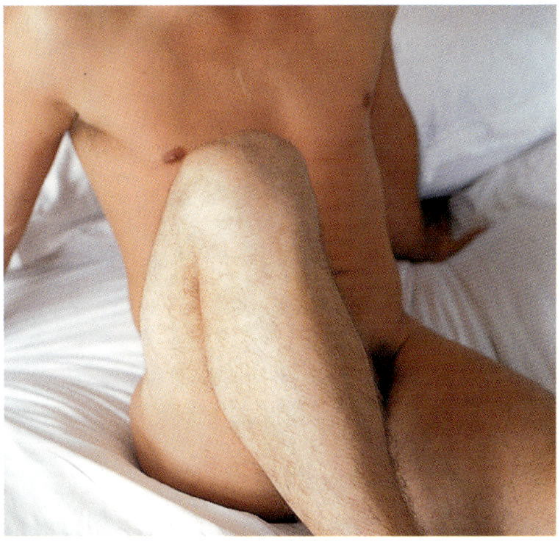

Ci-dessus: Dans cette représentation inhabituelle de la fellation, la femme suce le lingam de son partenaire. Autrefois, en Inde, cette pratique ne faisait pas l'unanimité, sauf s'il était le fait de masseurs.

Le basculement pelvien

Le message émit par ce pas de danse primitif, élément de la danse du ventre, est très explicite : debout, genoux fléchis, pieds joints sans forcer, bras écartés du corps et paumes tournées vers le haut, serrer les fesses, projeter le bassin en avant et le basculer vers l'arrière. Relâcher les fessiers et revenir à la position de départ. Recommencer jusqu'à ce que ce va-et-vient s'effectue en douceur et sans effort.

Les jambes et les pieds

Les femmes marchent différemment des hommes, roulant des hanches et faisant de plus petits pas, car leur bassin est plus large, permettant grossesse et accouchement. De tout temps, elles ont accentué leur démarche, portant jupes droites – réduction de la liberté de mouvement – et talons hauts – gêne à la marche – parfois au point d'être dangereux : pour garder l'équilibre, elles doivent raidir les mollets, accentuant le galbe des jambes, et se cambrer, soulignant fesses et seins. Outre que cela leur fait adopter un profil en S, ils font chanceler, d'où l'impression de vulnérabilité donnée par celles qui les portent.

En Chine, la mode valorisant la fragilité féminine, axée sur le pied, a conduit à de cruels extrêmes : du XIe siècle au tout début du XXe (1902), la haute société chinoise a pratiqué le bandage des pieds des filles. Dès cinq ans, on les bandait serré jusqu'à ce que, leur croissance achevée, très déformés, recourbés en dessous – comme des poings fermés – seul le gros orteil ressortant. Ce pied «en lotus» révélait le rang de la femme car il l'empêchait de travailler, voire de marcher sans aide. Pour les hommes, le summum du plaisir sexuel consistait en un coït avec la plante de ce pied, aussi apprenait-on aux femmes ainsi handicapées à satisfaire leur mari de cette manière.

Ci-dessus: Ici, Shiva accomplit un acte d'une tendresse inhabituelle: il oint d'huile parfumée les pieds de sa bien-aimée, dont les femmes présentes achèveront la toilette.

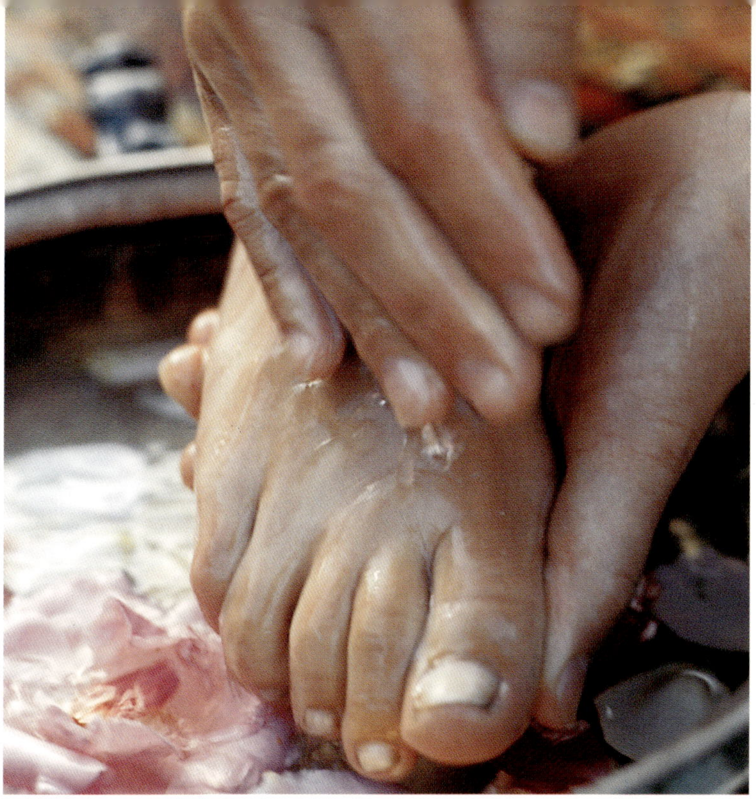

À gauche: Un massage du pied soulage et redynamise tout l'organisme. Employer de l'huile chaude, puis pétrir délicatement, mais intégralement, chaque orteil et articulation.

Soins des pieds

En Inde, le pied avait également un caractère érotique. Nombre de miniatures représentent un prince usant de ses gros orteils pour caresser les clitoris de deux de ses épouses. Aujourd'hui, les Indiennes se parent les pieds de fins motifs peints au henné ainsi que leurs orteils, portent des anneaux de cheville aux coloris vifs qu'elles font tinter. Au regard du bien-être, les soins ont une importance majeure. Songez à la sexualité en tant que liberté, puis adoptez des chaussures permettant à vos pieds d'exprimer votre dynamisme au lieu de les contraindre. Choyez-les – ceux de votre partenaire aussi – par un bain chaud suivi d'un massage, ce qui régénère corps et esprit. Les laver est de plus un acte de pardon et d'accueil, symbole de purification après avoir fait fausse route dans l'existence. Avec une pierre ponce, rapez-vous les talons pour en éliminer la peau indurée afin de les ramollir et les assouplir. En marchant et dansant nu-pieds sur l'herbe, sentez le lien vous unissant à la terre. Essayez de marcher sans frapper du talon comme d'habitude, ce qui entraîne des vibrations discordantes, mais en posant d'abord orteils, puis plante des pieds. Cette démarche sensuelle et silencieuse fait davantage travailler les mollets.

Quant à vos jambes, pardonnez-leur d'être imparfaites, car la beauté réside plus dans la manière de se déplacer que dans un corps bien fait. Natation, bicyclette et danse sont excellentes pour les muscles des jambes.

Le Kâma Sûtra

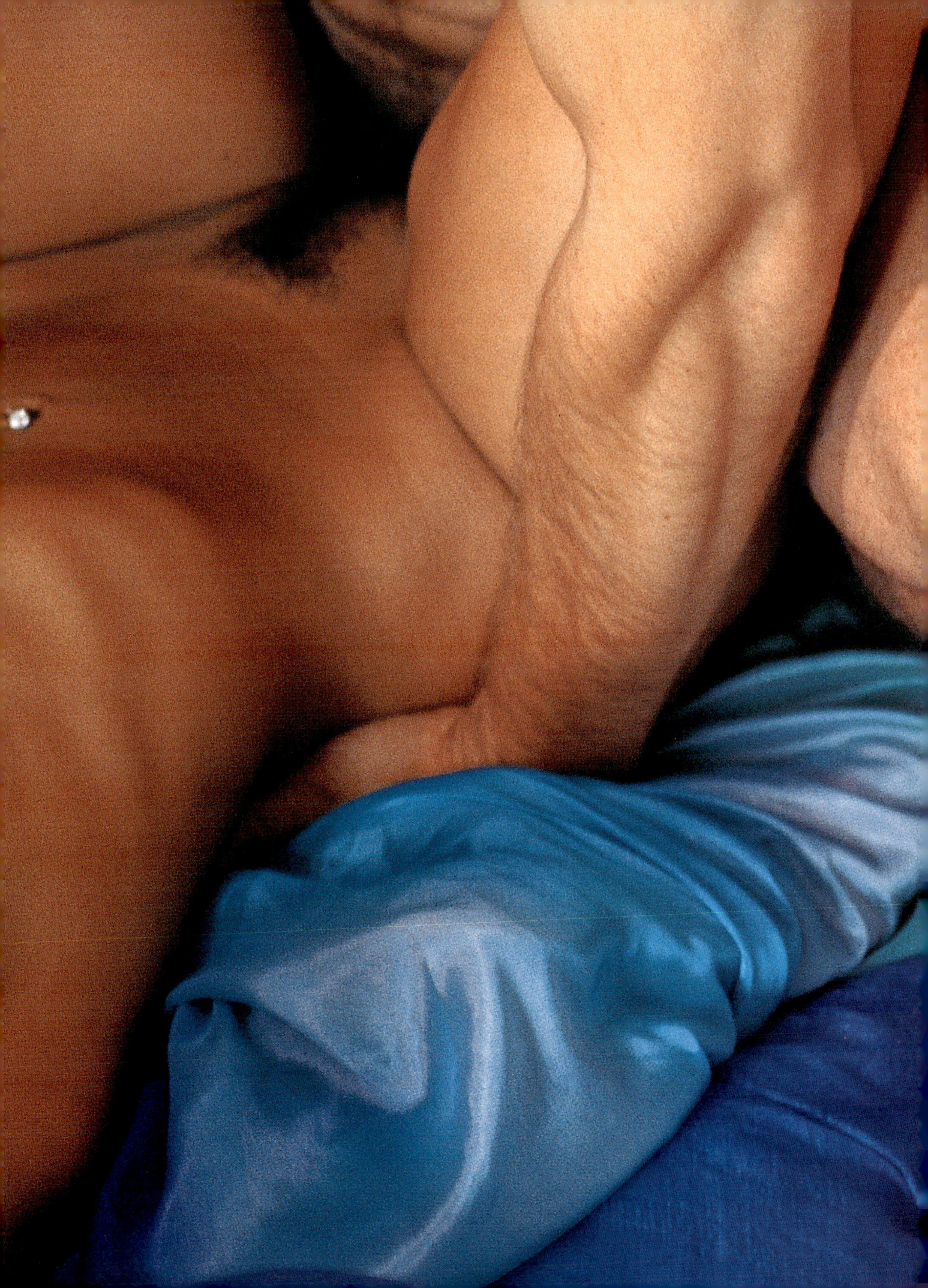

Pratique du yoga

Le yoga est la plus ancienne méthode d'épanouissement personnel au monde. Ce mot signifie «union» – union du corps et de la conscience à une réalité immuable et transcendante. Il permet de relativiser les soucis et de surmonter les aléas de la vie courante. Il augmente résistance et tonus physique, améliorant ainsi le fonctionnement des muscles et articulations. Il assouplit la colonne vertébrale, agit sur les organes internes, ainsi que sur les systèmes endocrinien et nerveux. Son action sur les dimensions émotionnelle et physique confère une plus grande ouverture affective et sensitive, propice à une sexualité plus harmonieuse.

À droite: L'initiation aux *asanas* simples enrichit le rapport sexuel d'une dimension nouvelle. De fait, le yoga donne à l'intimité relationnelle un caractère unitaire et harmonieux.

Il accroît la qualité des rapports sexuels, car il est difficile aux partenaires d'être à l'unisson quand l'un d'eux est distrait ou tendu. Ils doivent avoir une pleine conscience d'eux-mêmes avant de se rapprocher. Or, le yoga favorise la relaxation. Mais on peut être constamment tendu sans s'en rendre compte, se coucher raide, attendant désespérément le sommeil, l'esprit et le corps guettant inconsciemment la sonnerie du réveil annonciatrice d'une nouvelle course contre la montre. Contraction et relâchement des muscles permettent de savoir à quel point on est «noué».

S'il apporte détente physique, sensation de bien-être et soulagement de la douleur, il offre bien plus. Sa pratique régulière fait découvrir l'harmonie et la paix de l'esprit sur laquelle se fonde la vraie connaissance de soi. Il fournit un critère de relaxation et de sérénité qui, toujours, guide dans les périodes difficiles.

Il consiste à prendre successivement une série de postures, appelées *asanas*. Élégants et lents – jamais saccadés ou forcés – ses mouvements étirent et assouplissent progressivement le corps. Après une séance, on doit se sentir apaisé et retonifié, comme inaccessible à la fatigue. Une respiration calme et profonde est particulièrement propice à leur exécution correcte.

À moins de pratiquer déjà le yoga, prendre certaines des positions présentées dans cet ouvrage peut se révéler difficile, aussi mieux vaut renoncer à tout ce qui provoque gêne ou douleur et s'inspirer seulement des photographies les illustrant, même si on ne parvient pas à les concrétiser. À la longue, la souplesse sera au rendez-vous.

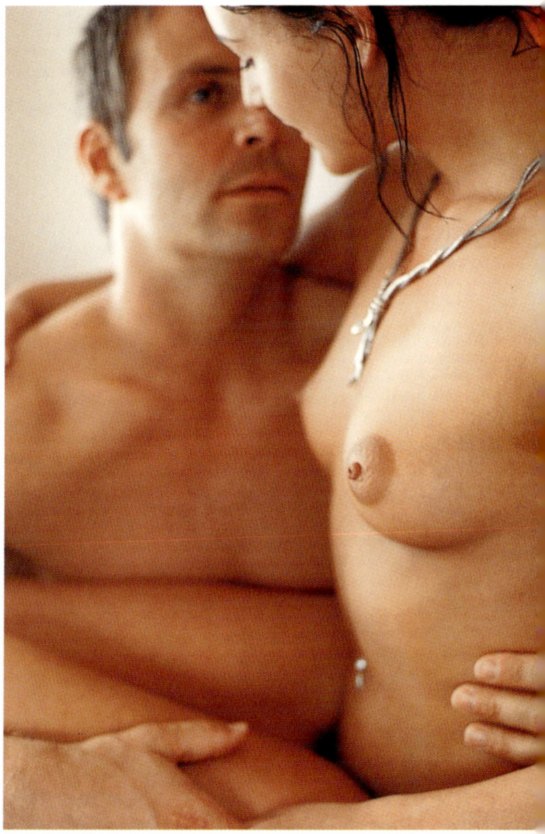

Ci-dessus: Parfois, le stress imprègne tant l'existence que les partenaires ont du mal à se détendre. Or, méditation et yoga libèrent l'esprit, apaisent et préparent à l'intimité sexuelle.

La grenouille

Ici, le plaisir réside en ce que l'homme entretient un lent mouvement de bascule, la femme restant parfaitement immobile, contractant et décontractant les muscles de son vagin pour que son partenaire la pénètre progressivement, faisant monter en lui une tension irrésistible jusqu'à ce que ses va-et-vient énergiques les portent à l'orgasme. Pour garder cette position de pénétration profonde sans se fatiguer, l'homme doit posséder une forte musculature des cuisses car, le confort étant déterminant, s'il manque de résistance, il risque de partir en arrière dans la position assise, sa compagne retombant dans son giron.

1 Disposer d'abord les coussins. Une fois allongée, le corps légèrement surélevé par un oreiller glissé sous ses fesses, la femme favorise la pénétration profonde. L'homme s'accroupit, jambes écartées. Puis elle s'assoit dans son giron, cuisses posées sur les siennes. Les amants peuvent ainsi s'embrasser et caresser réciproquement leur sexe, amplifiant leurs sensations par l'usage d'huile de massage, cela les conduisant à l'orgasme.

Sexe et argent

Une courtisane doit toujours maîtriser ses émotions, consciente que son indépendance garantit ses moyens d'existence. Si elle tombe effectivement amoureuse, elle ne doit pas laisser ses sentiments prendre le dessus. En revanche, si elle méprise son partenaire, elle agira comme si elle en était amoureuse, car c'est le moyen de gagner sa confiance. De son côté, il doit lui ouvrir son cœur et la combler d'attentions afin d'éviter qu'elle n'ait recours à des subterfuges pour se procurer de l'argent. Mais, s'il est avare, Vâtsyâyana considère qu'une femme avertie dispose de 27 moyens pour persuader un homme de lui offrir argent et bijoux. Parmi eux, citons les suivants: se précipiter sur son amant, pleurant et grinçant des dents, se plaignant de ce qu'un incendie a détruit sa maison par la négligence de ses domestiques, et en déclarant qu'elle n'a pas d'argent pour la rebâtir; se présenter à sa porte en pleurs, prétextant que les gardes du roi lui ont dérobé ses biens et qu'il lui faut absolument les remplacer par d'autres; faire allusion, en passant et avec à-propos, tandis qu'il est encore au lit, aux nourritures, boissons, fleurs, parfums et vêtements qu'elle ne peut se payer; déclarer qu'elle ne peut se rendre en visite chez ses amis car, lorsqu'ils viennent la voir, ils lui offrent de coûteux présents et qu'elle n'a rien à leur offrir; se conduire avec indifférence, puis admettre, après maintes questions inquiètes, qu'elle est malade et n'a pas d'argent pour un traitement médical; enfin, elle peut toujours rendre son amant jaloux en lui disant combien ses rivaux sont généreux.

2 Le moment venu, la femme introduit le lingam de son partenaire dans son yoni. Hypersensibilisée, contractant et décontractant les muscles de son vagin, elle entame un doux mouvement de bascule, soutenue par ses bras passés autour des épaules de son partenaire.

3 L'homme allonge sa partenaire sur les coussins, en la soutenant au creux des reins. Il peut ainsi amener son bassin vers lui pour effectuer de lents va-et-vient en prenant appui sur ses hanches.

Ci-dessus: Bien que l'homme soit sur sa partenaire, celle-ci peut toujours modifier le caractère et l'intensité du vécu en lui offrant son yoni plus épanoui ou en se balançant pour se rapprocher ou s'éloigner de lui.

Le mauvais côté de Kâlî

Déesse-mère et divinité de la Terre, elle présidait à tous les aspects de l'existence, mais était également redoutée comme déesse régissant destruction, maladie et mort. Certains tableaux la représentent tenant un nœud coulant, empourprée par la colère, le visage rouge et les yeux injectés de sang, un rictus terrible découvrant ses longues dents acérées. À d'autres moments, on la voit dévorant les entrailles de Shiva, son époux, tout en s'accroupissant sur lui dans l'extase sexuelle. On la montre aussi triomphalement ceinte de crânes humains ou tenant une épée et une tête coupée, portant des cadavres en guise de boucles d'oreilles ou des mains coupées autour de la taille. Déesse de la mort, elle est décharnée, a les yeux caves, les seins flasques et la chevelure pelée mais, toujours en extase, elle présente un volcanisme émotionnel qui balaie tout devant elle.

Pour les adeptes du tantrisme, il importait d'intégrer tout l'éventail du vécu humain et d'accueillir Kâlî comme celle qui donnait la vie au début et la reprenait à la fin. Elle était l'océan de sang préexistant à la naissance, et le néant qui survient après la mort, à la fois matrice et tombe.

Sexe et mort sont étroitement liés dans notre inconscient. Unique énergie transcendante, le feu sexuel est le creuset où nous nous consumons à la faveur du jaillissement orgastique. À cette occasion, le don total de soi a quelque chose d'effrayant, car il veut dire négation de soi, lâcher prise, n'exister que dans l'instant présent, la sensation et l'émotion. Se donner ainsi est terrifiant puisque cela nous expose, sans défense, à la perte et à la destruction inévitables. Votre intimité croissant, habituez-vous progressivement au mauvais côté de Kâlî; votre prise de risque trouvera sa contrepartie dans des sensations plus aiguës et plus riches.

Le chasseur

La chasse était une des occupations préférées de la haute société indienne, certains appréciant de l'associer au sexe. Dans cette position – plus excitante si l'initiative des mouvements est laissée à la femme – (voir page 41), le prince indien prend son fusil pour tuer une gazelle. Aujourd'hui, les amants occidentaux basculent doucement d'arrière en avant et inversement.

1 Les amants sont debout face à face. L'homme met le genou droit au sol, le pied gauche en appui sur ce dernier, comme ci-dessus. La femme lève la jambe droite et pose délicatement son pied sur la hanche gauche de son partenaire, orteils dirigés vers l'extérieur et talon vers l'aine.

2 Elle amène sa cuisse droite sur la gauche de l'homme, passant son bras gauche autour de son cou. Entourant sa taille de ses bras, il l'attire à lui, et ils échangent des baisers.

3 Il lui étreint la taille et la serre plus fermement contre lui. La main droite posée sur le genou gauche de l'homme et la gauche passée autour de son cou pour rester en équilibre, elle se plaque contre lui pour qu'il la pénètre.

Krishna et les vachères

Krishna est le dieu Shiva dans une autre incarnation. Maints détails de sa biographie ont été empruntés à la vie de Jésus. Né d'une déesse, sa venue fut proclamée par des anges et une nouvelle étoile apparut dans le ciel pour indiquer son lieu de naissance. Bergers et mages avertis vinrent de loin pour vénérer le nouveau-né et lui faire des présents. Peu après, ce dernier survécut à un massacre d'innocents. Encore bébé, il accomplit nombre de miracles, dont le partage des eaux d'un fleuve impétueux en les touchant de son petit pied. Enfin, on le salua comme rédempteur des fautes avant qu'il ne connût une mort sacrificielle dans laquelle son sang fut répandu sur Terre pour la féconder.

Mais, à l'inverse du Christ, c'était un dieu érotique qu'on adorait pour sa jeunesse et sa beauté. Enfant, il était connu pour son espièglerie confinant à la délinquance : il détachait le bétail du village, tirait sur la queue des animaux, était grossier avec les anciens, urinait dans les maisons de ses voisins, de même qu'il leur dérobait beurre et friandises. Adolescent précoce à la sexualité exubérante, il jouait de sa flûte (autre mot désignant le pénis ou lingam sacré) pour «charmer» les vachères – *gopis* – jolies filles gardant sur les troupeaux. Un poète hindou a écrit: «Comment présenter son infatigable flûte qui fait sortir les femmes vertueuses de chez elles et les traîne par les cheveux jusqu'à Krishna, comme la soif et la faim attirent la biche vers le piège?»

Un jour, alors que les vachères se baignaient dans un fleuve, Krishna, qui s'était caché dans un arbre pour les observer, leur déroba leurs saris. Au son de sa flûte, elles sortirent de l'eau et commencèrent à danser, d'abord timidement, puis sur un rythme endiablé. Ravie par sa musique, chacune croyait danser avec lui seul. Il fit l'amour avec toutes, mais Radha était sa préférée. Cette beauté insatiable et hâlée était gratifiée du nom de «éléphante-vache», la femelle éléphant étant considérée comme l'incarnation du désir et de l'appétit sexuels.

4 Elle abaisse son genou gauche et passe sa jambe droite autour de la taille de son compagnon pour que leurs corps se rapprochent, en équilibre. Orteils tendus, elle saisit son pied gauche de la main correspondante. Il l'attire encore plus à lui tandis que leurs regards se croisent.

Ci-dessus: Il est possible que le remède absolu à l'éjaculation précoce ait consisté à transposer la résolution des tensions au fait de tirer avec une arme à feu! L'équivalent actuel serait l'acte sexuel accompli en regardant un match de football à la télévision, chose que peu de femmes apprécieraient.

Le lotus

Probablement mieux connu en Occident comme posture de méditation propre aux yogi, la fleur de lotus, aux rangées de pétales concentriques, symbolise le yoni et constitue l'axe autour duquel pivote le tantrisme. Toute vie jaillit de lui – même le dieu Brahmâ, qui prétendait être le créateur, est issu du yoni de la déesse originelle. Toute énergie en provient également, et la seule manière pour un homme de se dynamiser et de reconstituer ses réserves énergétiques vitales consiste à s'unir à la déesse par un acte sexuel sacré.

Le tantrisme enseigne que la connaissance charnelle est la porte donnant accès à la conscience spirituelle, aussi est-ce uniquement par l'union au lotus que s'opère la révélation des mystères existentiels. L'expression «joyau dans le lotus» veut dire présence du lingam dans le yoni, c'est-à-dire du fœtus dans l'utérus, du cadavre dans la terre et du dieu dans la déesse. Quant au vocable «mangeur de lotus», il renvoie au cunnilingus rituel, alors autre manière de communier avec la déesse. Ainsi les mystiques assis dans la posture du lotus avaient-ils pour objectif de réveiller en eux – grâce à la connaissance sexuelle – Kundalini, le serpent endormi, lové au niveau des chakras inférieurs, pour qu'il emprunte le corps de bas en haut, afin de s'épanouir, telle une fleur, manifestation lumineuse intérieure prenant la forme d'un lotus parvenu à maturité, s'élevant à partir du sommet de la tête. Au Moyen Âge, consciente des connotations sexuelles inhérentes au fait de s'asseoir jambes croisées, l'Église d'Europe, s'éleva contre cette posture et accusa de sorcellerie tous ceux qui s'asseyaient ainsi.

La vache

Cet enchaînement propose une manière excitante de prendre une posture simple – la levrette – dans laquelle, finalement, l'homme exécute d'énergiques va-et-vient, la femme lui répondant de même. Cette dernière peut aussi s'allonger de côté sur un coussin, incitant son compagnon à s'installer plus confortablement, position dite des cuillers, en Occident.

1 L'homme s'agenouille sur le sol, cuisses serrées, fesses sur les talons et pieds allongés derrière lui. La femme agenouille sa jambe gauche, près de lui. Leurs corps se touchent et ils se caressent réciproquement. Elle a passé son bras droit autour de l'épaule de son partenaire et sa main gauche est posée sur son avant-bras droit. Il a passé son bras gauche autour de sa taille et sa main droite repose sur sa hanche gauche.

2 Elle place sa jambe droite pliée à 90° au-dessus des cuisses de l'homme en veillant à ce que son genou soit à la verticale de son talon. Puis elle oscille sur son genou gauche, plaçant sa main gauche sur le genou de son compagnon qui, de sa main droite, soutient la cuisse droite de sa compagne.

La mère de la courtisane

Une courtisane devait gagner suffisamment d'argent pour entretenir sa maison, son jardin, mais aussi pour payer sa domesticité, ainsi que jongleurs et masseurs. En effet, mener grand train et se vêtir luxueusement étaient pour elle les seuls moyens d'attirer les amants riches et cultivés qui lui convenaient. Au comble de cette situation financière tenant du dilemme, elle devait se livrer à une redoutable jonglerie sur le plan affectif : femme au caractère et à l'esprit indépendants, trop individualiste et rebelle pour faire une épouse, elle devait toutefois, pour vivre, plaire en toutes choses à son amant et se soumettre entièrement à ses caprices. Alors, comment pouvait-elle maîtriser le cours des événements et satisfaire les exigences de son amant? La réponse, simple, est la suivante : avec l'aide de sa mère.

Cette dernière – ou, en son absence, sa vieille nourrice – était une sorte d'«éminence grise» qui restait à l'arrière-plan de son existence. En parlant avec son amant, il était de bon ton que la courtisane se plaignît du fait que sa mère, vieille femme sévère, avait l'argent pour seul centre d'intérêt. Elle lui confiait, hésitante, que celle-ci désapprouvait leur union et la manière dont il la traitait. Ainsi savait-il qu'un ennemi invisible risquait de menacer leur idylle, ce qui le rendait anxieux. Si, par tactique amoureuse, elle devait prendre ses distances avec lui pour attiser son désir, elle pouvait incriminer la mauvaise humeur de sa vieille mère. Ou encore, si elle manquait d'argent, elle pouvait en demander de la part de la vieille carogne (NdT: femme méprisable) qui la tourmentait nuit et jour à ce sujet. De fait, Vâtsyâyana conseillait à la courtisane d'avoir une double personnalité et de faire porter à sa mère la responsabilité des mauvais côtés, en les exagérant. Or, en fait, mère et fille étaient totalement complices.

3 Elle reste agenouillée sur sa jambe gauche, tout en s'appuyant sur son partenaire, et étend complètement sa jambe droite. Allongeant ses pieds et oscillant entre talon droit et genou gauche, elle anime sa colonne vertébrale d'un lent mouvement ascendant qui amène son dos contre la poitrine de son partenaire, ce qui lui permet de se tourner vers lui pour plonger son regard amoureux dans le sien.

4 Tandis qu'il la pénètre, elle se retourne vers lui et, se penchant en avant, pose ses mains sur le sol, et place ses jambes de chaque côté de son partenaire.

5 Des deux mains, il la saisit par la taille et, prenant appui sur les genoux, il la soulève vers l'avant afin que ses pieds viennent se placer en avant des genoux de son compagnon. La tête posée sur un coussin, elle joint les mains sous une joue, comme pour une prière.

Ci-dessus: La soigneuse disposition des accessoires et l'impassibilité des acteurs évoquent la représentation artistique plutôt que la passion. En arrière-plan, une domestique se livre à un léger époussetage.

Les ongles

Le Kâma Sûtra enseigne aux amants comment exercer «une pression des ongles». De fait, Vâtsyâyana élabora un langage raffiné fondé sur la griffure érotique qui, alors, laissait des marques qu'on pouvait arborer par orgueil sexuel, en plus des morsures. À cette fin, on conseillait aux amants d'avoir les ongles propres et brillants, mais aussi de les teindre au henné. Citons, parmi les moments où le marquage par les ongles était de circonstance, celui d'une séparation avant un voyage, au retour de ce dernier, lors de la réconciliation après une dispute et chaque fois qu'une femme souffrait d'une intoxication. La griffure érotique portait sur les aisselles, la gorge, les seins, les lèvres, la zone du diaphragme, les fesses et les cuisses. Ces marques formaient des motifs tels que demi-lunes, sauts de lièvre ou feuilles de lotus bleu. Parfois on avait l'impression qu'elles étaient faites par la patte d'un paon ou la griffe d'un tigre. Les jeunes femmes les portaient avec fierté, car le spectacle qu'elles offraient, se promenant dans un jardin d'agrément embaumé, leurs seins nus marqués de ces «sceaux», ne manquait pas d'embraser l'homme qu'elles croisaient. Cependant, on mettait en garde la gent masculine contre le fait de marquer ainsi les femmes mariées. Ces dernières ne pouvaient porter que des empreintes secrètes, localisées à leurs zones intimes, qu'elles contemplaient en soupirant, brûlantes de désir pour l'amant absent. La raison pour laquelle leurs maris ne s'apercevaient pas de leur infortune est une autre histoire...

Le char

Pour cette position particulièrement érotique, veiller à ce que la femme dispose, pour s'asseoir, d'un coussin placé à hauteur confortable, ainsi que de nombreux oreillers mous pour s'allonger. Cet exercice d'équilibre délicat exige des jambes très musclées afin d'éviter au couple toute fatigue et impression d'épuisement risquant de nuire à l'extase née du seul contact des mains et des sexes. L'échange des regards intensifie le sentiment de sereine intimité.

1 L'homme s'accroupit, genoux écartés, dos droit. La femme s'assoit sur un coussin, entre les jambes de son compagnon. Puis s'assoit sur les cuisses masculines, genoux serrant les côtes de son vis-à-vis, pieds joints par leurs plantes. Elle l'étreint à hauteur du dos tandis qu'il la tient tendrement par la taille.

2 La femme se renvoie en arrière, en s'agrippant aux bras de l'homme. Puis elle fait descendre ses mains avant d'en appuyer les paumes sur le sol derrière elle.

Le harem

Ici, les femmes doivent partager le même homme. Or, celui-ci, même si la nature l'a généreusement doté et qu'il use d'aphrodisiaques lui permettant de s'unir à plusieurs d'entre elles en une nuit, ne peut satisfaire toutes ses épouses, aussi doivent-elles trouver d'autres moyens de se divertir. Certaines s'habillent en homme et utilisent des racines bulbeuses en guise de pénis artificiels. D'autres se masturbent frénétiquement sur le phallus d'une statue. Parfois, elles prennent plaisir à la fellation pratiquée sur les eunuques qui les surveillent, ou au cunnilingus réciproque. Mais leur régal sexuel – le plus dangereux – consiste à faire passer discrètement un homme travesti en femme ou roulé dans un tapis, à l'intérieur des appartements royaux. Si l'intrus est découvert, cela lui coûte la vie, aussi mieux vaut qu'il se lie d'amitié avec gardes et dames de compagnie pour les mettre de son côté. Voici les bons moments pour s'introduire dans le palais : la confusion liée aux allées et venues accompagnant libations, foires ou préparatifs de pélérinage. Même dans ces conditions, on conseille à l'amant potentiel de se rendre invisible grâce à une potion magique. Ainsi doit-il brûler les yeux d'un serpent et se passer sur les paupières la pâte obtenue à partie de leurs cendres; il passe alors inaperçu...

3 La femme place successivement ses jambes droite et gauche sur les épaules de son partenaire. Celui-ci étend les bras derrière lui, paumes à plat sur le sol, puis place ses pieds sur les épaules de sa compagne, juste avant de la pénétrer.

4 Ensuite, les partenaires se tiennent en passant leurs avant-bras sous les genoux de l'homme tandis qu'il ramène ses pieds au sol.

5 La femme se renvoie en arrière et ramène ses pieds au sol en les passant par-dessus les hanches de son compagnon et sous ses bras. Ils se balancent alors doucement au gré d'un mouvement de bascule.

Ci-dessus: La richesse et la variété infinie des motifs qui se répètent sur étoffes, tentures et tapis en disent long sur le mode de vie oriental. Le caractère ininterrompu, fluide, de la musique et de l'art indiens se retrouve dans la manière dont ce peuple aborde l'amour, l'accent est mis sur le continuum, non sur les commencements et les fins.

Philtres d'amour

Dans l'Inde antique, hommes et femmes avaient à leur disposition nombre de potions, philtres et amulettes destinés à placer leurs idylles sous de bons auspices. Si, au sein d'un couple, les tailles des sexes étaient mal assorties, l'homme pouvait augmenter le volume de son lingam en le frictionnant d'abord avec les poils de certains insectes arboricoles, puis, dix nuits de suite, avec de l'huile, puis à nouveau avec les premiers. Son sexe était alors si gonflé qu'il devait s'allonger en le laissant pendre dans un trou pratiqué dans le lit avant de le masser avec des onguents émollients. Si la douleur disparaissait, la verge conservait son volume. À l'inverse, une femme pouvait rétrécir son yoni en le frictionnant intérieurement d'un onguent. De même, un baume promettait de développer les seins.

Vâtsyâyana conseille plusieurs moyens de transformer un laideron en beauté fatale, dont la recette consistant à manger le pollen du lotus bleu mélangé à du *ghee* (NdT: beurre clarifié obtenu à partir du lait de bufflesse ou de vache) et à du miel avant de s'attacher à la main droite un os de paon doré ou de hyène. Pour empêcher qu'une femme soit donnée en mariage à quelqu'un d'autre, un homme doit l'asperger avec les excréments d'un singe. Pour accroître sa vitalité sexuelle, l'homme doit boire du lait sucré dans lequel un testicule de bouc a été bouilli. D'autres recettes magiques garantissaient qu'une femme atteindrait rapidement l'orgasme ou qu'un homme retarderait son éjaculation. On utilisait aussi beaucoup les plantes pour régulariser le cycle menstruel, favoriser ou empêcher la grossesse.

La voûte étoilée

Par une chaude nuit d'été, vivez, à la belle étoile, la béatitude cosmique proposée par le tantrisme. Avec votre partenaire, sortez et dirigez-vous vers un lieu éclairé par la lune et connu de vous seuls. Sur le sol, étendez un tapis épais et placez un coussin à chaque extrémité. Que la terre vous imprègne tandis que les comètes explosent, laissant derrière elle un ardent sillage d'étincelles.

1 Assis sur le tapis, l'homme étend les jambes, gardant le dos droit. La femme s'assoit de biais entre les jambes de son compagnon, les siennes étant jointes, ainsi que ses pieds. Le couple s'embrasse, l'un passant ses bras autour des épaules de l'autre, qui le tient par la taille.

2 Se penchant en arrière, la femme s'appuie de son bras droit sur le tapis. De sa jambe droite, elle enserre étroitement la taille de son amant. Puis, lentement et avec grâce, saisissant et levant son pied gauche avec la main correspondante, telle une danseuse, elle étend sa jambe, et place son pied sur l'épaule droite de l'homme. Celui-ci se renvoie en arrière pour que la jambe de sa partenaire passe devant son visage, puis soutient le corps de cette dernière à hauteur des reins. Cette position, évocatrice d'ouverture, est suggestive, et l'instant, magique.

3 Le coït a lieu au moment propice : la femme lâche son pied, indiquant qu'elle est prête, tandis que sa jambe gauche s'appuie totalement sur l'épaule de son compagnon. De ses mains posées en arrière sur le sol, elle soutient son poids. L'homme lui saisit le creux des reins et l'attire à lui. Unis, les amants gardent cette position de pénétration profonde, en remuant très peu, jusqu'à ce qu'ils en aient été rassasiés.

Le Kâma Shâstra

D'après Vâtsyâyana, toute femme devait connaître les soixante-quatre règles du Kâma Shâstra, sorte de code du savoir-vivre destiné aux futures épouses évoluant dans la haute société. La personne la plus qualifiée pour l'enseigner était une confidente, incarnée par la fille d'une gouvernante élevée dans la famille ou une sœur déjà mariée. Ainsi, la femme le possédant gagnait les faveurs de son mari même s'il avait déjà été marié à bien d'autres épouses. Sa culture et son savoir-faire lui permettaient de soutenir une conversation avec des érudits et, si jamais elle était séparée de son époux ou se trouvait en difficulté à l'étranger, elle pouvait mettre à profit ses talents pour se ménager une vie décente en enseignant.

Parmi les activités qu'une femme devait pouvoir exercer, citons les suivantes : chant, danse, dessin, art culinaire, parfumerie, joaillerie, tatouage, lecture, rédaction de poèmes, art dramatique, poterie, tir à l'arc, langues et coiffure. Elle apprenait aussi comment encadrer un vitrail, préparer citronnades et sorbets, fabriquer des perroquets avec du fil, jouer un air sur des verres remplis d'eau, combattre à l'épée, pratiquer le jeu (de hasard), escroquer aux gens leurs biens légitimes par magie et sorcellerie, enfin, apprendre à parler aux perroquets et aux étourneaux. On obtiendra un portrait complet de l'«honnête femme» évoluant dans l'Inde oisive de l'antiquité si on ajoute la compréhension du combat de coqs, de cailles ou de béliers, des connaissances en minéralogie, stratégie et le fait d'être une excellente gymnaste.

Naturellement, le Kâma Shâstra n'est qu'un élément du Kâma Sûtra, que même les jeunes filles étudiaient attentivement avant le mariage.

4 Les deux partenaires se saisissent alors les poignets et se renversent doucement en arrière sur les coussins. Elle fait glisser ses jambes le long de son compagnon, et les place comme les siennes. Chacun lève un bras au-dessus de sa tête en signe d'ouverture au ciel, tenant toujours l'autre, par le poignet.

La fiancée-enfant

Ci-dessus: Dans cette position coïtale, les regards qui se croisent sont suivis par la contemplation des cieux, destinée au vécu immédiat de la puissance et de la transcendance éternelles. Les astres symbolisent l'âme, telles des lumières éclatantes nous guidant dans l'obscurité.

Il y a bien longtemps, en Inde, il était fréquent qu'une très jeune fille fasse l'objet d'un mariage arrangé, mais son futur mari devait quand même la conquérir. Ainsi entamait-il sa cour en jouant avec elle à cache-cache, à colin-maillard ou à chercher un bibelot caché dans un petit tas de blé parmi d'autres. Il lui offrait poupées en bois, pelotes en fil coloré, perdrix en cage, petits personnages en terre, cornes de buffle sculptées, peintures et teintures, voire même «machines à projeter de l'eau»; plus grande était l'originalité des cadeaux, plus il avait de chances de parvenir à ses fins. Pour la faire rire, il exécutait des tours de prestidigitation, jouait des petites pièces imaginaires prenant pour thèmes des membres de sa famille à elle, cueillait des fleurs et lui montrait comment en faire des couronnes, lui apprenait à jouer aux dés et aux cartes, lui offrait des boucles d'oreilles ou une guitare. Ayant fait impression sur elle, il avait recours, en tant qu'intermédiaire, aux bons offices de la sœur de sa gouvernante à elle qui devait alors lui vanter ses qualités d'amant.

Une fois ce sujet de conversation abordé, c'était au tour de l'adolescente de s'exprimer. Si elle le trouvait séduisant, elle rougissait et détournait le regard quand il lui parlait ou l'observait à la dérobée, yeux mi-clos. Elle penchait la tête quand il lui posait une question, lui répondant de manière inintelligible en trainant timidement sur les finales des mots. Elle pouvait aussi couvrir de baisers les jeunes enfants confiés à ses soins, se montrer affectueuse envers ses domestiques à lui, et autoritaire avec les siens. Enfin, elle pouvait lui faire porter un anneau ou une couronne par une amie, à la suite de quoi il devait tout faire pour obtenir sa main en vue du mariage.

Nourrir le paon

Cette désignation s'inspire de la miniature indienne figurant page 57, où la femme tend une coupe d'or à un paon mâle pour qu'il y picore, tandis que son amant la pénètre. En fait, le bec de l'animal symbolise le lingam et la coupe en or, le yoni. Pour prendre cette position – adoptée en cas d'urgence ou lors d'une promenade à la campagne si une branche basse fournit un appui providentiel – homme et femme doivent être de même taille, sinon la femme monte sur un banc ou sur la première marche d'un escalier.

1 La femme s'assoit sur un meuble – tel que le dossier d'un canapé – jambes écartées, afin de se placer légèrement plus haut que le sexe de son partenaire. L'homme s'accroupit entre ses jambes pour couvrir ses seins de baisers. Elle peut aussi incliner la tête pour qu'ils s'embrassent.

L'épouse vertueuse

Jadis, en Inde, cette épouse considérait son mari comme un dieu et faisait tout pour le satisfaire. Sous sa direction, elle veillait sur la famille, gardait la maison propre, rangée, fleurie, entretenait le jardin et le sanctuaire dédié aux dieux protecteurs du foyer, et préparait tout pour les sacrifices célébrés matin, midi et soir. Au potager, elle récoltait légumes verts, radis, pommes de terre, betteraves, concombres, aubergines, potirons, aulx, oignons, graines de moutarde, persil, fenouil, cannes à sucre, figues, mangues; et s'occupait des fleurs ainsi que des aromates. Elle devait aménager les coins isolés du jardin d'agrément – orné au centre d'un bassin ou d'un puits – en gloriettes disposant de sièges.

Bonne cuisinière attentive aux préférences gustatives et aux besoins nutritionnels de son mari, elle se précipite quand elle l'entend rentrer et lui lave les pieds. Elle évite la fréquentation inconvenante des vagabonds, diseurs de bonne aventure et sorcières, veille à ne pas parler de ses affaires dans son dos, et tient scrupuleusement les comptes du ménage. Elle transforme les restes de lait en ghee (voir page 49), fabrique cordes et ficelles avec l'écorce des arbres. Dans les champs, elle dirige les labours, le battage du riz et les soins donnés aux animaux d'élevage – moutons, volailles, cailles, perroquets, étourneaux, pigeons, paons, singes et cervidés. Elle offre ses vêtements usés aux domestiques, mais aussi des fleurs, onguents, encens et feuilles de bétel aux visiteurs. D'ordinaire, elle s'habille avec simplicité mais, pour son mari, elle porte ses plus beaux atours, ainsi que bijoux, fleurs et parfums. En son absence, elle jeûne et attend anxieusement de ses nouvelles.

2 Le moment venu, l'homme se dresse et la pénètre tandis qu'elle se maintient solidement, un bras enlaçant son cou, l'autre autour de son épaule, tout en étreignant sa taille avec les cuisses. Le couple peut ainsi se livrer à des va-et-vient énergiques, l'amant soutenant sa compagne à hauteur des fesses.

3 Cette position est fatigante, aussi l'homme peut asseoir délicatement sa compagne sur le sol, un tabouret ou un coussin situé à bonne hauteur, afin de, toujours unis, «nourrir le paon». L'immobilité joue un rôle majeur dans le rapport sexuel tantrique, et permet à d'exquises sensations d'exciter les terminaisons nerveuses des deux sexes jusqu'à ce que le besoin du mouvement se manifeste. Le couple s'anime alors doucement, harmonieusement uni au gré des sensations perçues. Enfin, alors que tous deux ne supportent plus cette lenteur, l'homme saisit à nouveau sa compagne et la dépose au sol, où il reprend ses va-et-vient énergiques.

Ci-dessus: Ici, c'est la femme qui, en bonne tacticienne, fait diversion afin de tempérer l'ardeur sexuelle de son amant. Si aucun paon ne se trouve à proximité, elle peut toujours offrir à son partenaire du raisin dont les grains auront été, bien sûr, préalablement pelés...

Querelle de couple

Adeptes du Kâma Sûtra, les époux vivent dans un monde où les comportements sont formalistes et où les problèmes doivent être laissés à l'arrière-plan. Les femmes doivent apprendre à se mordre la lèvre et à se montrer soumises. Si un mari se conduit mal, son épouse ne doit pas lui faire de reproches excessifs, même s'il lui arrive d'être blessé. Elle doit éviter les regards noirs, de médire de lui et de se tenir dans les voies de passage où on peut la voir et l'admirer. Elle ne doit surtout pas se venger en flânant dans les jardins publics, au risque de rencontrer des hommes attirants et libres de leur temps. À l'inverse, elle doit, par égard, rester à l'intérieur, prenant soin de son corps, de sa denture, de sa chevelure et de tout ce qui fait son charme.

Qu'une querelle d'amoureux éclate malgré les efforts qu'elle déploie pour ne pas grincer de ses dents impeccables tout en évitant de ternir sa beauté par des regards meurtriers, cet incident doit respecter un certain protocole. L'épouse peut battre son mari et lui tirer les cheveux, mais elle ne doit le faire qu'en privé. Son agressivité doit se limiter à frapper, crier, mordre et percer la peau de ses ongles d'une manière rituelle. Il n'est donc pas étonnant que la femme, ne pouvant pas offrir d'autres exutoires à ses sentiments négatifs, Vâtsyâyana considère le sadisme comme partie intégrante du rapport sexuel normal. Il va même jusqu'à codifier l'intensité et les zones corporelles soumises à ces pratiques cruelles.

La charrue

Si vous êtes tentés de prendre cette position sur le lit, veillez à ce qu'il soit ferme, car s'il est mou, il risque, par son instabilité, de déséquilibrer les partenaires. Une couette épaisse est plus confortable qu'un tapis rêche pour les genoux de l'homme. Quant à la femme, elle doit disposer d'une profusion de coussins moelleux. Cette posture naturelle peut se prolonger par celle des «cuillères», dans laquelle l'amant roule sur le côté, placé derrière sa compagne couchée de même. Elle se prend en fin d'ébats nocturnes car, reposante, elle prédispose à un sommeil réparateur, annonciateur d'étreintes matinales.

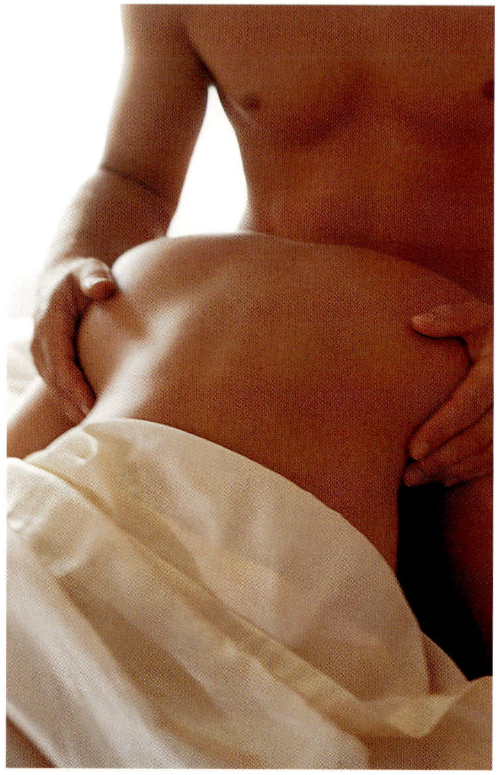

1 L'homme s'agenouille, la femme s'assoit dans son giron (comme ci-dessus) et lui tourne le dos. Il passe ses bras autour de sa taille et lui caresse les seins.

2 La femme se penche en avant, paumes à plat de chaque côté de ses genoux, le front appuyé sur le lit. Le moment venu, son partenaire la pénètre.

La morsure

Jadis, en Inde, il était apparemment fréquent que les amants ne se limitent pas à d'innocents mordillements, ajoutant même à leur répertoire de caresses labiales, dentaires et linguales, de sévères et violentes morsures. Ce sadisme sexuel était peut-être dû à l'ennui dans lequel baignait la haute société de l'époque. À ce propos, Vâtsyâyana appréciait les solides dents brillantes réagissant bien à la teinture en rouge ou en noir, les aimant lisses, saines et surtout acérées. Les partenaires en usaient pour s'infliger différentes morsures : cachées, tumescentes, du sanglier, «la rivière de joyaux» et «le nuage crevé». La joue gauche était considérée comme une localisation de choix pour ces pratiques, mais également la gorge, les aisselles et l'aine.

Vâtsyâyana eut une curieuse idée, à savoir que si hommes et femmes prenaient tant de plaisir à se mordre réciproquement, un siècle pouvait s'écouler sans calmer l'ardeur de leur amour. Convaincu que la colère devait s'exprimer aussi violemment que possible, il recommandait aux partenaires la dangereuse pratique consistant à se mordre lors des querelles d'amoureux. Laissons-lui la parole: «Quand un homme mord une femme, celle-ci, avec colère, doit redoubler de force pour lui en faire autant.» Pour lui, la querelle devait tourner au rapport sexuel extatique: «... elle doit saisir son partenaire par les cheveux, lui renvoyer la tête en arrière, déposer un baiser sur sa lèvre inférieure puis, folle d'amour, fermer les yeux et le mordre en différents endroits.»

Lorsque les partenaires se rencontraient ultérieurement, elle lui montrait les blessures qu'il lui avait infligé, les yeux lançant des éclairs rageurs tandis qu'ils reprenaient leur duo douloureux.

3 Elle étend sa jambe droite, parallèlement à celle de son compagnon, et garde la gauche pliée. Puis elle pose la partie supérieure de son corps sur les coussins, la tête appuyée sur son bras droit.

4 Étendant les bras sur le dos de sa compagne, l'homme la pénètre en se balançant doucement. Elle n'a plus alors qu'à se concentrer sur les sensations qui parcourent son yoni, comprimant fortement le lingam dans son vagin.

Une journée consacrée au plaisir

En se levant, l'élève en Kâma Sûtra se livrait à une toilette approfondie comportant le rasage intégral du corps, un bain, l'application de parfum, ainsi qu'un maquillage des yeux et de la bouche. Il mâchait des feuilles de bétel pour se rafraîchir l'haleine, se teignait éventuellement les dents en rouge ou en noir, puis prenait son petit déjeuner avant de passer un moment à apprendre à parler à ses perroquets, de même qu'à entraîner au combat ses cailles, coqs et béliers. Il consacrait le temps restant avant le déjeuner à la littérature et à l'art dramatique. La chaleur aidant, il faisait un petit somme. Ensuite, paré de ses plus beaux atours, il sortait et allait en visite. Assis en compagnie de ses amis, il conversait et buvait des toniques préparés à partir d'écorces d'arbres, de fruits et de fleurs. Citons, parmi ses autres divertissements : pique-niques, chants, promenades au jardin et jets réciproques des fleurs parfumées produites par le kadamba (NdT: arbre poussant notamment en Inde). Parfois, il se baignait avec des congénères, les domestiques s'étant au préalable assurés qu'aucun animal dangereux n'était tapi dans l'eau. À d'autres moments, il distrayait ses amis par la présentation d'acrobates ou de bouffons. Mais tout cela n'était qu'aimable préparation aux plaisirs nocturnes. À la nuit tombante, les hommes attendaient dans une pièce l'arrivée des femmes sur lesquelles ils avaient jeté leur dévolu.

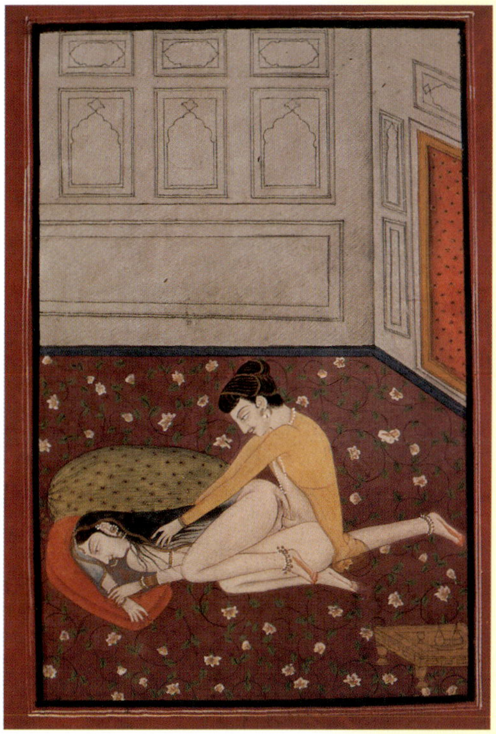

Ci-dessus: Bien que restant immobile, la femme maîtrise la durée du coït en contractant sa musculature vaginale. Dans le rapport sexuel tantrique, ces petits mouvements internes font toute la différence, jouant une véritable symphonie de subtiles sensations.

Le temple

Pour ceux et celles qui, adeptes du yoga, ont les jambes très souples, cette position est plus aisée à pratiquer qu'il n'y paraît. Certes, à la fin, elle confine ostensiblement à l'immobilité, mais si le couple possède une bonne maîtrise de la musculature pelvienne, les sensations sont vives. Les partenaires rebutés par la pliure inhabituelle des jambes n'iront que jusqu'à la phase 3 incluse, et accompliront un lent mouvement de balançoire.

1 Le lit doit être ferme – en fait, un futon est préférable – il est souvent trop mou pour cette position, tout mouvement risquant de faire basculer le couple. L'homme s'assoit sur le sol, dos droit, genoux écartés et plantes des pieds jointes. La femme s'installe entre ses jambes et enserre son compagnon avec les siennes, plantes des pieds jointes derrière lui. Ils s'étreignent tendrement et peuvent ainsi se couvrir de baisers dans l'attente de l'excitation.

2 Au moment propice, l'homme bascule sa partenaire et la pénètre, tandis qu'elle s'appuie en arrière sur les paumes, en décollant les fesses du sol, jambe droite, puis gauche, passées sur les épaules de son compagnon. Les amants échangent leurs regards, et l'homme la fait doucement basculer d'avant en arrière, et inversement.

3 L'homme se renvoie alors en arrière, s'appuyant sur les paumes. Ensuite, il pose la jambe droite, puis la gauche, sur les épaules de sa partenaire. Enfin, le couple se balance d'avant en arrière.

Les accessoires sexuels

Autrefois, en Inde, les pénis artificiels étaient des accessoires sexuels d'usage courant, prenant souvent la forme d'une gaine que l'homme enfilait sur son lingam pour en augmenter la taille, constitués de matières précieuses comme l'or, l'argent et l'ivoire – plus rarement aussi de bois, d'étain ou de plomb, ce dernier, métal toxique, se révélant dangereux pour la fragile muqueuse vaginale. Pour la masturbation, par exemple au harem, les femmes se servaient de gourdes (cucurbitacées) ou de racines bulbeuses bien huilées ou de petites bottes de roseaux liées ensemble et ramollies par des extraits de plantes.

Dans le sud du pays, le perçage était particulièrement en vogue. En fait, on était convaincu que les femmes ne pouvaient éprouver de plaisir sexuel authentique que si leurs partenaires avaient le lingam orné d'un anneau. À ce propos, Vâtsyâyana conseillait à ses élèves de se percer la verge avec un instrument pointu, puis de se baigner jusqu'à ce que le saignement cesse. Ils devaient ensuite avoir un rapport sexuel énergique «pour nettoyer le trou». Il convenait ultérieurement de le faire cicatriser par l'application de réglisse et de miel, puis de l'agrandir par l'introduction de petites tiges de jonc ou de queues de fruits, jusqu'à ce que son diamètre soit suffisant pour y passer un os de héron ou tout autre ornement.

4 L'homme ramène son pied droit au sol et la femme le lui saisit de sa main droite. Elle repose ensuite sa jambe gauche à côté de lui. Ils lèvent les bras et joignent leurs mains au-dessus de leurs têtes (ci-dessus). Si cette position est inconfortable, le couple ramène ses jambes au sol et s'embrasse.

Les courtisanes

Les premières prostituées du monde étaient des prêtresses qui célébraient des rites sexuels sacrés dans des temples dédiés à la déesse. À l'époque de Vâtsyâyana, la prostitution s'était déplacée du temple au boudoir, mais les penseurs du tantrisme continuaient à voir dans le rapport sexuel un vécu mystique et thérapeutique, aussi les courtisanes jouissaient-elles d'une haute considération.

À bien des égards, l'existence d'une courtisane était préférable à celle d'une épouse. D'ordinaire, jouissant de facultés intellectuelles enviables et beaucoup mieux élevée que ses consœurs mariées, pleine d'esprit et d'humour, douée et affectueuse, elle était l'égale des hommes cultivés et puissants qu'elle séduisait. En outre, son attrait résidait en ce qu'elle faisait partie des rares femmes bénéficiant de leur indépendance sociale et financière.

Bien que faisant commerce d'amour, les courtisanes ne restaient pas à l'arrière-plan à attendre que les clients viennent à elles. Habiles, elles obtenaient les faveurs d'hommes riches et influents, s'attachant à les séduire en leur offrant couronnes de fleurs et onguents précieux, en leur contant des récits divertissants, en leur envoyant bouffon ou masseur, ou encore en les invitant à un combat de coqs. Une fois l'homme pris au piège, elles entretenaient son intérêt en le traitant comme un dieu et en se rendant indispensables tout en restant distantes sur le plan affectif, ce qui, par cupidité, les incitait à leur faire fréquenter les riches.

Ci-dessus: Ce lit au luxueux baldaquin et à la courtepointe d'un blanc immaculé est le cadre idéal pour une position dédiée à la déesse. En Inde, les amants s'entourent d'une profusion d'épais coussins leur procurant confort et soutien.

Le poisson

Cette position est ainsi désignée parce que la femme donne l'impression de nager. Elle appuie son buste, par exemple, sur le dossier d'un canapé, et l'homme va-et-vient en elle, d'abord doucement, puis plus énergiquement.

1 L'homme pose le genou gauche et le pied droit sur le sol, la jambe droite formant un angle droit. Lui tournant le dos, la femme s'assoit dans son giron, jambe droite pliée et genou gauche dirigé vers le sol. Son amant la soutient, bras passés autour de sa taille, pouvant ainsi déposer des baisers sur sa nuque et caresser ses seins.

2 Toujours tenue par la taille, elle penche gracieusement le buste en avant, appuyant ses avant-bras sur un meuble.

La maîtresse idéale

Fidèle aux principes du Kâma Sûtra, la courtisane est une habile manipulatrice de l'orgueil masculin. Quoique socialement et intellectuellement l'égale de son amant, elle doit se faire son esclave, rôle dans lequel elle excelle, reflet parfait de ses sentiments, riant quand il est joyeux, se languissant après lui quand il est malade, se montrant abattue quand il soupire ou bâille, haïssant ses ennemis, cachant son irritation ou sa colère, feignant être jalouse des autres femmes, exprimant son souhait d'avoir un enfant de lui, picorant les restes dans son assiette, lui étant agréable de quelque manière qu'il souhaite, jouant la stupéfaction devant ses réussites et ses rares qualités d'amant. Enfin, si quelqu'un essaie de s'interposer, elle menace de s'empoisonner, se poignarder ou se pendre.

En échange de quoi, elle est récompensée à juste titre. Toutefois, il lui arrive d'amener son amant à lui donner plus d'argent et lui offrir davantage de cadeaux, probablement par un malicieux désir de vengeance pour l'avoir soumise à tous ses caprices. D'ailleurs, Vâtsyâyana dessse une liste de vingt-sept moyens par lesquels une maîtresse peut soutirer de l'argent à un amant crédule, par exemple : prétexter que sa maison a brûlé, que ses bijoux lui ont été volés, qu'elle a besoin de vêtements neufs, ou encore qu'il lui faut renouveler ses ustensils de cuisine afin de pouvoir rivaliser avec ses amies.

3 L'homme se redresse, passe les mains de chaque côté de sa partenaire pour lui saisir les cuisses et la pénétrer de son lingam en érection. Elle place ses jambes comme ci-contre pour que son compagnon ait toute liberté de mouvement. Il a l'initiative de la cadence des va-et-vient, exécutés d'abord lentement, puis beaucoup plus énergiquement, leur excitation s'intensifiant avec la profondeur de pénétration que permet cette position.

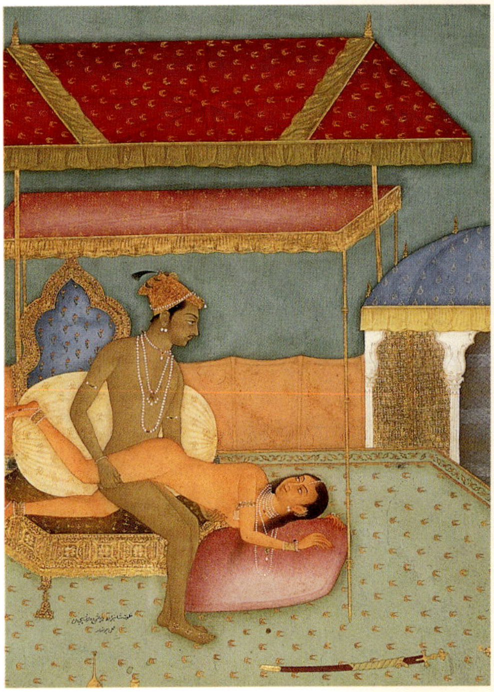

Ci-dessus: Ici, les amants ont choisi de s'ébattre sur la terrasse dallée d'un jardin suspendu, ce qui leur fait éprouver un sentiment de liberté tout particulier.

L'adultère

Dans l'Inde antique, l'adultère était un passe-temps couramment répandu, la vie quotidienne en offrait alors souvent l'occasion. Ainsi, l'homme qui livrait le blé et remplissait le grenier familial était invité à entrer par l'épouse du maître de maison, ce qui était également le cas de l'homme à tout faire, du teinturier, de l'ouvrier agricole ou des vendeurs de porte-à-porte proposant coton, laine, lin, chanvre et fil. Si les vachers appréciaient leurs consœurs, les intendants au service des veuves les courtisaient à la faveur de leurs occupations, de même que les surveillants de marché trouvaient toujours un coin isolé où distraire leur clientèle féminine. Par les soirées chaudes, les villageois rôdaient dans les rues à la recherche d'une bonne fortune, tandis que d'autres restaient à la maison pour coucher avec les épouses de leurs fils.

Quand un roi avait un harem, il devait, pour séduire, dresser des plans plus élaborés. Les fêtes printanières de la huitième lune lui en donnaient l'occasion : les citadines avaient l'habitude de rendre visite aux femmes du harem pour bavarder, boire des toniques et jouer avec elles jusqu'à l'aube. Si l'une des visiteuses plaisait au roi, il demandait à une de ses épouses de l'aborder avant qu'elle ne quitte le palais pour l'inviter à visiter cet endroit. Elle pouvait alors admirer une gloriette ornée d'une plante rampante coralline, puis une autre, couverte de plantes grimpantes, une grande serre au sol incrusté de pierres précieuses, un pavillon sur le lac, les passages dérobés dans les murs du palais, les inestimables œuvres d'art, les volières, ainsi que les cages des lions et tigres. Pendant que la richesse et les goûts raffinés du roi impressionnaient la visiteuse, son guide lui vantait son amour pour elle et lui promettait un sort enviable si elle acceptait un rendez-vous, tout en lui garantissant une discrétion absolue. Si elle déclinait l'offre royale – éventualité fort improbale – elle était aimablement reconduite, accompagnée de vœux et de présents.

La roue

Ici, la pratique du yoga donne à la femme force, souplesse et résistance exigées par cette position. L'angle de pénétration garantit la stimulation de son point G, ce qui lui procure un plaisir accru. Mais, bien que souple et rompu au yoga, l'homme doit faire preuve de douceur, soutenir sa compagne à hauteur du creux des reins et éviter tout va-et-vient brutal. Il doit également ménager son dos en pliant les genoux lorsqu'il dépose sa partenaire et la ramène vers lui, ce qui permet au couple de prolonger le coït, la femme passant ses bras autour du cou de son amant.

1 La femme s'allonge d'abord, pieds non écartés, bras à hauteur de la tête, paumes posées à plat près des oreilles, doigts dirigés vers les orteils.

2 Elle inspire et «fait le pont» pour décoller les hanches du sol, renvoyant la tête en arrière vers les bras. L'homme s'agenouille de la jambe gauche entre les siennes, pied droit posé à plat et jambe droite pliée à 90°.

3 L'homme maintient le creux des reins de sa partenaire. Une fois qu'elle est à l'aise et prête, il la soulève en pliant les genoux pour ménager son dos. Elle passe sa jambe droite autour de la taille de son compagnon, son pied gauche restant en contact avec le sol. Il peut alors la pénétrer lentement.

La polygamie

Jadis, en Inde, l'épouse occupait un piètre rang social. À ce propos, Vâtsyâyana déclare qu'un homme a le droit de prendre une autre épouse si la première a mauvais caractère, est stérile, ne lui donne que des filles ou simplement s'il a l'œil égrillard. C'est pourquoi il conseille à l'épouse de travailler dur pour s'assurer la fidélité affective de son mari. Si, malgré ses efforts, ce dernier en choisit une seconde, elle doit se montrer encore plus soumise, refoulant sa jalousie et cédant sa place à sa rivale, devant même l'aider à se parer en présence de leur mari commun, la comblant de gentillesse et d'attentions. Mais qu'une troisième épouse apparaisse, la plus âgée accède à un rang lui conférant un certain pouvoir. Ayant feint l'amitié à l'égard de la seconde, elle peut provoquer des querelles entre les deux dernières, espérant ainsi que son mari se retournera contre elles. Comme toujours dans le Kâma Sûtra, la consigne relative aux sentiments négatifs est la suivante : ne pas les exprimer franchement, mais si quelque moyen tortueux s'offre de savourer une vengeance, qu'on ne s'en prive pas!

Par ailleurs, la femme prise en grippe par son mari et ses autres épouses se trouve en piètre posture. Son retour en grâce réside dans le fait de se lier d'amitié avec l'épouse préférée, lui enseigner tout ce qu'elle sait et veiller sur ses enfants comme sur les siens. Elle peut aussi assumer des responsabilités d'ordre religieux, faire des vœux ou jeûner, ou encore se faire apprécier en exécutant les tâches dont personne ne veut. Elle peut se réconcilier avec les autres épouses et devenir la confidente de son mari, notamment en vue de lui ménager de discrets rendez-vous galants. C'est ainsi qu'elle regagne son affection.

4 Une fois l'homme debout, solidement campé sur ses jambes, soutenant sa partenaire à hauteur de la taille, celle-ci décolle son pied gauche du sol et passe ses deux jambes autour des hanches de son amant. Dans cette position, génératrice des plus vives sensations, le couple peut se livrer à de lents va-et-vient.

Pour séduire

Vâtsyâyana affirme que pour charmer une femme, la meilleure manière consiste à entretenir avec elle une conversation à caractère romantique. Ainsi conseille-t-il à l'homme de montrer «un goût prononcé pour le feuillage printanier des arbres et autres choses du même genre». Si ses suaves paroles tombent dans l'oreille d'une sourde, il lui recommande de faire absorber quelque drogue à l'objet de son désir, pour l'emmener et profiter d'elle avant qu'elle ne s'en rende compte, puis d'organiser immédiatement la cérémonie du mariage. Il ne doit pas non plus craindre de faire tout ce qui est en son pouvoir. Vâtsyâyana recommande à son élève de tendre une embuscade à l'élue réticente de ses rêves tandis qu'elle se promène dans le jardin. Il doit attaquer et tuer ses gardiens, puis l'emmener et se conduire comme précédemment.

La femme mariée doit être abordée différemment. Là, toute conversation poétique relative à l'épanouissement du feuillage printanier est inutile. L'homme doit adopter le discret langage amoureux codifié : traction exercée sur sa moustache, petits claquements secs des ongles, tintements de breloques et morsure de la lèvre inférieure. Cependant, en séduisant une femme mariée, son objectif peut fort bien ne pas être la luxure, mais uniquement l'ardent désir de faire un affront à son mari. Une fois l'épouse séduite, le mari peut être tué sans risque et spolié de tous ses biens.

Ci-dessus: Lorsque les amants sont disposés à effectuer des va-et-vient plus énergiques, l'homme, genoux pliés, peut soulever sa compagne en lui maintenant le dos de telle sorte qu'elle se retrouve assise, droite, les jambes enserrant la taille de son amant, les bras passés autour de son cou. Elle peut ainsi ramener ses pieds au sol à la fin du coït.

Le cocon

Cette position, dans laquelle les amants sont étroitement enlacés, conduit tout naturellement à celle du «papillon», p. 76.

1 L'homme s'agenouille sur le lit, fesses posées sur les talons, la femme s'asseyant face à lui, dans son giron, pieds placés comme ci-dessous, ce qui leur permet baisers et caresses réciproques.

2 Il serre tendrement sa compagne contre lui. Décollant les pieds des draps, elle se renvoie en arrière, jambes relevées aussi haut que possible pour une profonde pénétration. Il se balance alors doucement d'avant en arrière.

Comment une fille pauvre conquiert un bon mari

Ci-dessus: L'expression sereine des amants et la tendresse de leur étreinte montrent que cette position est destinée à ménager un confort maximum.

Une fille, issue d'une famille pauvre ou orpheline, peut très bien souhaiter faire un bon mariage. Si elle ne trouve pas d'homme robuste et à son goût, mieux vaut, déclare Vâtsyâyana, qu'elle jette son dévolu sur un naïf qu'elle persuadera d'agir au mépris de ses parents. Elle étudiera ses habitudes afin de pouvoir le rencontrer – soi-disant – par hasard, mais aussi pour se servir de sa mère et de ses amitiés féminines comme intermédiaires. Si, par bonheur, elle le voit en privé, elle lui offrira fleurs, feuilles de bétel et parfums. Elle pourra aussi lui prouver ses compétences dans l'art de griffer, de pincer avec les ongles et de masser. Le flirt verbal étant à l'ordre du jour, elle lui demandera avec coquetterie comment il s'y prendrait pour conquérir le cœur d'une jolie fille.

Tout en feignant de garder ses distances, elle laissera son bien-aimé prendre quelques libertés. Agissant comme si elle ne comprenait pas ses motivations, elle lui permettra le baiser puis, lorsqu'il lui proposera d'avoir un rapport sexuel, elle s'y refusera pour finalement, à grand renfort de fausse résistance, lui autoriser quelques privautés intimes. Après avoir acquis la conviction qu'il ne la quittera pas, elle cèdera à ses avances, étant entendu que le mariage suivra immédiatement cette première étreinte. C'est alors qu'ils se procureront plantes odorantes et feu auprès d'un brahmane et échangeront leurs serments.

Le papillon

Dans cette position, la liberté de mouvement, bien que limitée, est largement compensée par l'intensité des sensations produites par les contractions des muscles du bassin. Afin d'augmenter la compression en résultant, la femme se renvoie en arrière. L'homme ramène son genou droit vers lui pour rétablir l'équilibre et soulager son dos. À partir de cette position, le couple peut passer à la «roue» (p. 70).

1 L'homme s'agenouille, fesses sur les talons et plantes des pieds en contact avec le sol. La femme s'assoit face à lui, dans son giron, jambes écartées, pieds ramenés sur les fesses de son amant, ce qui leur permet baisers et caresses réciproques.

2 Le moment venu, l'homme lève le genou droit et place son pied à plat sur le sol, devant lui. Simultanément, du bras droit passé autour de la taille de sa partenaire, et main gauche sur son épaule, il la soulève. S'appuyant sur ses deux pieds, elle se penche sur la jambe droite de son compagnon tandis qu'il la pénètre.

3 Puis elle amène ses jambes respectivement droite et gauche au contact des bras correspondants de son amant, comme ci-dessus. Renvoyée en arrière, bras passés autour du cou de l'homme, elle s'appuie sur ses bras et jambes. Ici, équilibre et tension musculaire sont déterminants dans la prévention des lésions dorsales masculines.

Faire sa cour

Quand un homme aime une jeune fille, il doit s'asseoir près d'elle dans les réunions, réceptions, et saisir chaque occasion de la toucher. Plaçant son pied sur le sien, il touche chaque orteil, en pressant l'extrémité de l'ongle. Si elle le laisse faire, il le saisit et presse ses orteils avec les doigts. S'il lui rend visite alors qu'elle se les lave, il lui comprime un de ses orteils entre deux des siens et, chaque fois que leurs regards se croisent, il la fixe d'une manière révélant son ardent désir. Au lieu de se rincer la bouche quand on lui présente de l'eau parfumée, il en asperge sa bien-aimée. Constatant qu'elle tombe amoureuse de lui, il feint astucieusement d'être malade et lui demande de venir le voir. Là, elle le trouve en train de se prélasser sur un canapé, dans la pénombre d'une pièce, il lui dit d'appliquer la jeune main fraîche sur son front, lui déclarant en gémissant qu'elle seule peut préparer le remède qui le guérira. Ensuite, il la persuade de le soigner avec des plantes durant trois jours et trois nuits qu'il met à profit pour lui parler avec douceur, lui ouvrant l'intimité de son cœur. Vâtsyâyana remarque toutefois qu'un homme, si amoureux qu'il soit d'une femme, ne la conquiert jamais sans user beaucoup de salive...

À gauche : Voilà une manière parfaite de jouir d'un après-midi radieux. La majesté du panorama et la dorure des armes évoquent richesse et pouvoir. Le prince et son épouse n'ont nul besoin de se cacher, car tout ce qu'il voit leur appartient.

Le sultan

Ici, c'est la femme qui prend l'initiative, l'homme restant offert, allongé sur les coussins, jambes levées, pendant que sa partenaire le masturbe doucement. Ou bien, immobile (3), plantant son regard dans celui de son amant, elle peut accentuer ou relâcher l'étreinte de sa musculature pelvienne sur son lingam. Veiller à ce qu'il soit confortablement allongé sur le dos, elle se tenant à lui pour conserver son équilibre, non pour soutenir son amant.

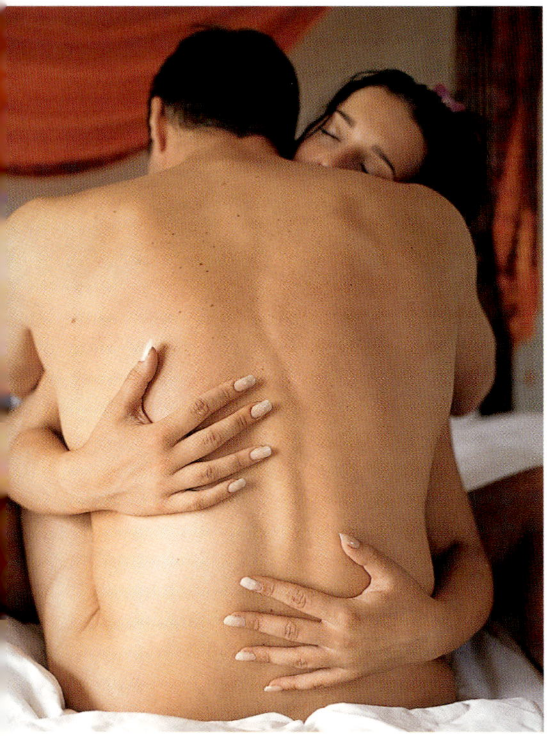

1 La femme s'assoit, droite, sur le lit, genoux pliés et plantes des pieds tournées l'une vers l'autre. L'homme s'assoit dans le giron de sa compagne, jambes enserrant sa taille, plantes des pieds jointes. Le couple s'étreint à hauteur des épaules et de la taille. Puis elle place ses pieds à plat en appui sur le lit. Ainsi le couple peut-il échanger baisers et caresses.

Les cieux et la terre

Avant le commencement, était le chaos, océan de sang menstruel affluant à la matrice gonflée de la déesse Kâlî. À la faveur de la douleur cosmique ainsi provoquée, Kâlî créa l'univers et lui donna la forme d'un œuf. Il s'éleva à la surface de l'onde originelle, puis se scinda en deux: la moitié supérieure s'enflamma, radieuse comme l'or du soleil, et engendra les cieux, la moitié inférieure, miroitante comme l'argent, donnant la terre.

La scission de l'œuf cosmique et la naissance du monde établirent la polarité et l'attraction, c'est-à-dire le désir des contraires de fusionner dans une union caractérisée par la béatitude orgastique éternelle. Ce désir correspond à la force créatrice, énergie sexuelle présente dans tous les êtres vivants. Maintes cultures d'antan la représentaient par une spirale, dynamique indéfiniment ascendante et expansive, mais sujette à la chute et à la dégradation, quoique immuable. Symbole du clitoris orgastique et de la corne d'abondance, elle représente le rythme répétitif de la vie. Au XXe siècle, la découverte de la double hélice de l'ADN, matériau génétique détenteur du code biologique, n'aurait pas surpris les anciens.

2 L'homme ramène ses bras en arrière pour s'allonger sur les coussins et, une fois à l'aise, place sa jambe droite, puis la gauche, sur les épaules de sa maîtresse, chevilles à hauteur du cou. Elle saisit alors son amant par les genoux et le tire vers elle.

3 La femme ramène ses pieds vers elle et les pose à plat sur le lit, accroupie. L'excitation sexuelle du couple se manifestant, elle introduit le lingam dans son yoni, s'appuyant des pieds sur le sol et soulevant les fesses pour faciliter la pénétration.

... où la femme domine

Lorsque Kâlî et Shiva s'accouplent, l'homme est souvent représenté allongé sur le dos, la femme assumant le rôle actif, accroupie et allant et venant énergiquement sur le phallus cosmique. C'était l'idéal du *maithuna*, dans lequel Kâlî accédait au plaisir orgastique, Shiva maîtrisant et différant le sien, reconstituant ainsi ses réserves en énergie sexuelle.

Ci-dessus: Allongé sur le dos, le sultan savoure à petites gorgées un délicieux tonique présenté dans une timbale d'argent, et s'abandonne aux attentions de son épouse. À noter que les amants indiens s'épilent totalement le corps, pour des raisons d'ordre hygiénique, esthétique, mais aussi pour accroitre la sensibilité épidermique.

Cette position était interdite par les patriarches, qui rejetaient l'idée d'une femme en position dominante. D'après la mythologie hébraïque, la première femme ne fut pas Ève, mais Lilith, créée par Dieu en même temps qu'Adam, en insufflant la vie à une motte d'argile. Dieu dit au couple d'aller et de se multiplier, ce à quoi Lilith réagit avec enthousiasme, sautant sur Adam comme Kâlî le fit avec Shiva, mais cela déplut à Adam, premier homme phallocrate qui insista pour que son épouse, tel un être inférieur, s'allonge sous lui. Lilith maintint – en toute logique – qu'elle était son égale et qu'elle pouvait adopter la position qu'elle désirait. Frustrée, elle usa de ses pouvoirs magiques pour fuir vers le désert, où elle s'accoupla, son imagination aidant, à maints êtres spirituels.

Adam, bouleversé, se plaignit à Dieu d'avoir perdu sa compagne, et Dieu créa Ève en lui prélevant une côte. Ève était soumise, car seconde femme créée. Mais cela vint aux oreilles de Lilith qui revint incarnée en serpent pour tenter sa sœur avec le fruit de la connaissance. On sait ce qui s'ensuivit, mais on ignore toujours la nature du péché originel. Dieu aurait-il oublié l'ordre qu'il avait donné de se multiplier, ou bien a-t-il doué les humains d'organes sexuels pour le faire?

L'antilope

Grâce à la force et à la souplesse que donne la pratique du yoga, cette position fait exécuter à la femme une élégante et séduisante série de va-et-vient sur le lingam de son amant. Elle doit s'assurer que ce dernier la portera quand elle se hissera dans ses bras, et qu'il ménagera son dos en fléchissant les genoux à l'effort. Avec l'entraînement, le couple se livrera à un esthétique ballet plein de sensualité.

2 L'amant se redresse lentement, soutenant sa partenaire avec les bras, tandis qu'elle passe ses jambes autour de sa taille.

1 Les amants sont debout, face-à-face, pieds joints. L'homme pose le genou droit au sol, puis saisit sa compagne par la taille tandis qu'elle s'assoit sur sa cuisse gauche et passe ses bras autour de son cou, comme ci-dessus.

3 Puis l'homme se penche en avant pour la faire descendre devant lui. La maintenant fermement, il la pénètre de son lingam en érection et, simultanément, elle s'aide de ses jambes croisées dans le dos de son compagnon pour favoriser la pénétration et s'installer confortablement. Ici, l'excitation sexuelle provient du peu de liberté de mouvement dont disposent les partenaires.

La fellation

Les eunuques se travestissaient en femmes spécialisées dans cette forme de rapport. Maints d'entre eux exerçaient leurs talents dans les salons de massage. C'est ainsi qu'un eunuque homosexuel massant un homme – ou le shampouinant, comme on disait alors – accordait une attention particulière à l'abdomen et à la partie supérieure des cuisses de son client. Si ce dernier entrait en érection, de ses mains, il lui comprimait le sexe en lui reprochant cette réaction. Si le client ne disait rien, il poursuivait par une fellation. Mais s'il lui ordonnait de le faire, il protestait, prétextant ne céder qu'à contrecœur.

En fait, la fellation est apparue avec le «pseudo-coït», qui consistait, pour l'eunuque, à saisir la verge pour la mouvoir dans sa bouche. Au bout d'un moment, il exprimait le désir de s'arrêter, mais son client lui demandait de continuer, la tension croissante aidant. Puis, des doigts, il saisissait le gland pour le comprimer, tel un bourgeon végétal, puis léchait et mordillait le corps de la verge. Ensuite, il suçait et mordillait le gland, le faisant progressivement pénétrer davantage dans sa bouche à la faveur d'une énergique et délicieuse caresse, dite «succion de la mangue». Enfin, le client, n'y tenant plus, pouvait demander l'«apothéose» (éjaculation buccale).

En maintes régions de l'Inde, la fellation se pratiquait exclusivement entre hommes, mais le très tolérant Vâtsyâyana estimait que chacun doit agir selon ses goûts. Ainsi fait-il allusion aux hommes dont les domestiques sucent la mangue, caresses se pratiquant également entre amis. Les femmes du harem y ont également recours, ainsi que nombre de couples hétérosexuels, pour qui elle représente l'absolu du vécu de la béatitude.

4 Enfin, l'homme repose sa partenaire sur le sol, celle-ci appuyant ses paumes devant les pieds de son compagnon. Cette position favorise l'échange énergétique entre amants.

À propos de la jalousie

Lorsqu'une femme est fortement éprise d'un homme, l'entendre parler d'une autre femme lui est insupportable, surtout s'il l'admire et risque de la lui préférer. Pour elle, la pire insulte est de s'entendre appeler involontairement par le nom de l'autre. Si cela se produit, au comble de la colère, ébouriffée, elle crie, frappe son amant ou son époux, tombe du lit ou de sa chaise, jette au sol couronnes et bijoux, allant jusqu'à les piétiner, tapant des poings sur le tapis.

Pour son partenaire, c'est le moment de la réconciliation, il doit la relever et la déposer délicatement sur le lit. Mais, insensible aux mots doux, furieuse, lui saisissant la tête, elle essaie de lui arracher des touffes de cheveux, lui frappe le dos, la poitrine, le visage ou toute autre partie du corps à sa portée aussi fort qu'elle le peut avant de se diriger vers la porte. Mais étant donné que quitter la maison ne lui serait pas pardonné, elle s'assoit sur la pas de la porte, pleurant de rage et de désespoir, ce qui le pousse à redoubler d'efforts, à s'excuser et à la rassurer puis, quand elle estime en avoir fait assez, elle l'enlace, continuant à lui faire des reproches, mais en lui faisant comprendre qu'elle désire aller au lit, où ils se réconcilieront à la faveur de fougueuses étreintes.

Ci-dessus: Ce couple ignore la roseraie sous le ciel couvert. Plus tard, il ira s'y promener pour en respirer le parfum capiteux tandis que tomberont les premières gouttes de la mousson.

L'escapade au Râjasthân

La miniature de la p. 89 montre un officier de marine portugais et sa maîtresse européenne, pratiquant la sexualité tantrique dans la seconde moitié du XVIIe siècle, lors d'un séjour au Râjasthân. De fait, à cette époque, les étrangers s'enthousiasmaient pour le tantrisme, au plus grand amusement des yogi témoins de leurs tentatives maladroites. La position latérale de la femme est confortable pour les débutants, mais la variante présentée ci-dessous gagnera les suffrages des amants rompus au yoga.

1 L'homme est assis, dos droit et jambes étendues. Sa partenaire s'assoit jambes croisées en travers de son giron, le bras droit passé autour de l'épaule de son compagnon. Les amants se regardent, et l'homme embrasse tendrement sa maîtresse.

2 Se penchant en arrière, la femme, de sa main droite, s'appuie sur la jambe correspondante de son partenaire, puis fait pivoter sa jambe gauche autour de la taille de ce dernier avant de saisir sa cheville droite avec la main correspondante pour lever et placer sa jambe droite en appui sur l'épaule gauche de son amant, orteils tournés vers le haut. L'homme s'appuie en arrière sur la paume droite afin de garder l'équilibre.

La femme-éléphant

C'est ainsi que le Kâma Sûtra désigne l'amante insatiable. Quand son désir reste insatisfait et que son partenaire est fatigué par les ébats, elle l'incite à s'allonger sur le dos afin de prendre l'initiative. Alors, des fleurs ornant ses cheveux défaits, souriante et haletante, elle presse ses seins contre la poitrine de son compagnon. D'abord honteuse et intimidée par son ardeur, et bientôt emportée par le désir, elle s'abandonne avec fougue...

La femme peut accomplir tout ce que fait l'homme mais, en plus, peut user de trois atouts spécifiques: «la pince», «la toupie» et «la balançoire». Le premier est ainsi désigné parce que la femme, une fois pénétrée, aspire le lingam de son partenaire et le comprime longtemps. Le second est un mouvement plus acrobatique et plus difficile à exécuter : pénétrée, elle tourne comme une toupie sur le sexe de son amant. L'effet produit est presque inimaginable. Le troisième consiste pour elle à se balancer d'avant en arrière, et vice versa, après l'intromission du lingam.

Une fois elle aussi fatiguée, elle appuie son front sur celui de son amant et se repose en faisant la pince jusqu'à ce qu'il soit prêt à reprendre le rôle actif. Vâtsyâyana met en garde contre les positions dans lesquelles la femme domine son partenaire lorsqu'elle a ses règles, récemment accouchée, ou est trop lourde pour qu'il supporte son poids.

3 De son bras droit passé autour de la taille de sa compagne, l'homme l'attire à lui tandis qu'elle s'appuie du pied gauche pour faciliter la pénétration et passe son bras droit autour du cou de son amant. Ici, bien que la liberté de mouvement soit restreinte, le couple perçoit, avec l'aide des regards, l'échange d'énergie affective et éprouve un vif sentiment de bonheur.

Ci-dessus: Ici, au Râjasthân, des voyageurs s'initient au rapport sexuel tantrique, entourés de breuvages exotiques, d'armes, profitant d'un panorama qu'ils évoqueront dans leur courrier.

Rapport sexuel et violence

Vâtsyâyana estimait que le rapport sexuel était comparable à une querelle, ne distinguant pas l'ardeur sexuelle de la violence. Tout en reconnaissant que se battre à ce moment-là rebuterait certains, le lecteur d'aujourd'hui sera surpris d'apprendre que, pour cet auteur, les coups étaient la norme. Il est vrai qu'hommes et femmes arboraient leurs ecchymoses avec fierté, tels des trophées sexuels. Toutes les parties du corps, dont tête, seins, dos et aine, étaient concernés, de même qu'on pouvait frapper du plat ou du dos de la main, voire du poing. En outre, l'auteur recommande d'émettre à cette occasion une série de sonorités rituelles destinées à accompagner ce pugilat équivoque. Ainsi, celui des deux qui frappe émet des «plouf» – chute dans l'eau – «clac» – bambou qui se fend – «flac», «han» et grondements de tonnerre. La victime a le bon goût de pleurer ou roucouler, imitant colombe, coucou, abeille, pigeon, perroquet, canard, oie et caille. La passion s'accentuant, les coups sont donnés de plus en plus fort et de plus en plus vite...

L'auteur rapporte que dans certaines régions, on utilise des instruments pour frapper. Une badine serait l'arme préférée pour meurtrir les seins; les ciseaux viseraient la tête, tandis qu'un instrument pointu piquerait les joues et que des pinces seraient posées sur le dos et les côtés. Mais Vâtsyâyana fixe des limites à ces pratiques, les qualifiant de barbares et viles, notant qu'elles ont été à l'origine de décès. Le roi du Panchalas tua ainsi Madhavasena, une courtisane, avec un bloc de bois pendant leurs ébats. Un autre roi, Shatakami, fit de même avec la reine Malayavati, dans le lit conjugal, à l'aide d'une paire de ciseaux, et Naradeva, handicapé par sa main difforme, rendit une danseuse aveugle avec un instrument pointu. Heureusement, ces récits salutaires sauvèrent la vie à certaines de ses lectrices.

L'abduction

L'homme doit posséder une forte musculature des jambes pour faire prendre cette position spectaculaire à sa partenaire, qui finira par se nicher, en sécurité dans ses bras, installée parmi les coussins. Jadis, Vâtsyâyana recommandait cette posture si les autres moyens de séduire avaient échoué. D'autre part, si la femme était vierge, son amoureux devait patienter des jours pour gagner sa confiance. En revanche, si elle était mariée, son soupirant devait risquer sa vie en tuant son mari avant de l'emmener dans les bois. Ce récit est conté plus loin.

1 L'homme, debout et droit, prend la position du combattant, jambe gauche en avant, pliée à angle droit, et jambe droite tendue en arrière. Pour un meilleur appui, son pied droit forme un angle de 90° avec son corps. Il a les bras ballants. L'équilibre étant déterminant, cette station exige beaucoup d'entraînement pour avoir de l'allure.

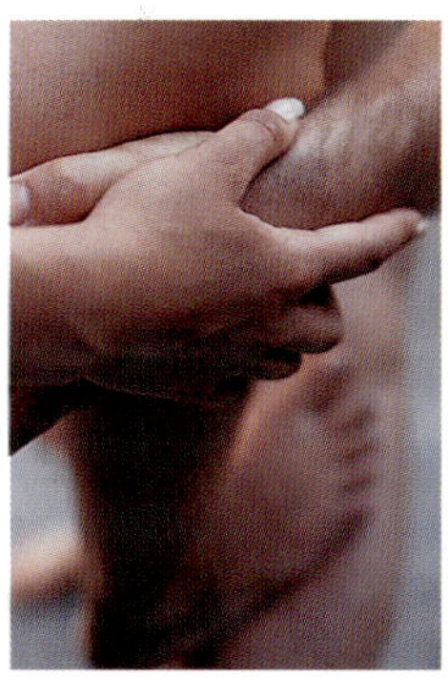

2 La femme, debout à proximité, prête à assumer son destin, place le pied droit sur la cuisse gauche de l'homme et passe son bras gauche autour de ses épaules, adoptant une attitude d'ouverture. Il plonge son regard dans le sien, plaçant la main gauche sous son genou droit et le bras droit autour de sa taille. En signe d'accord, elle passe ses bras autour de lui.

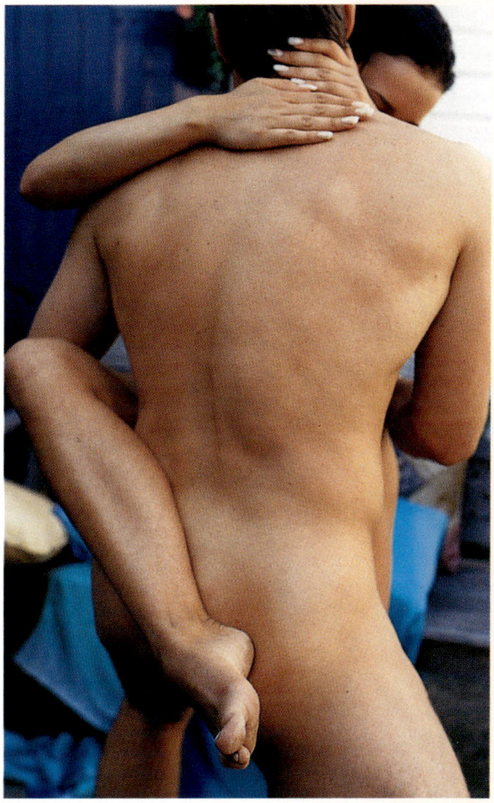

3 Aidée de son partenaire, elle effectue une rotation du corps analogue à celle d'un cavalier montant sur son cheval. Puis, assise en travers de sa cuisse gauche, s'appuyant sur le sol de son pied gauche, elle passe les bras autour de son cou, et la jambe droite autour de sa taille tandis qu'il la maintient, comme ci-dessus.

Les différentes positions allongées...

Selon Vâtsyâyana, les couples doivent s'allonger en fonction de la compatibilité de leurs organes sexuels. Pour que deux petits sexes s'ajustent au mieux, la femme s'allongera sur le dos, les fesses placées sur un coussin. L'homme oindra son yoni pour faciliter la pénétration. Pour les sexes de tailles légèrement supérieures, les partenaires adopteront la position du «bâillement»: la femme, allongée sur le dos, genoux pliés et ramenés sur la poitrine, les écarte, autorisant une pénétration rapide et profonde. Dans la position adoptée par l'épouse d'Indra, les sexes les plus volumineux sont à l'aise : la femme, allongée sur le dos, a les cuisses relevées et les genoux pliés, comme une grenouille. Comme le fait remarquer cet auteur, un certain entraînement est nécessaire.

Parfois, jambes féminines et masculines sont étendues, droites, ce qui est possible lorsque la femme est sur le dos ou que les partenaires , allongés sur le côté, se font face, ce qui permet aux pubis de se tendre l'un vers l'autre, le yoni pouvant se contracter fortement sur le lingam, position dite de compression. Si elle place la partie supérieure de sa cuisse sur celle de son amant, la position est qualifiée de gémellaire. L'intromission énergique du lingam, favorisée par une longue pratique du contrôle musculaire, s'appelle position de la jument. La femme peut aussi, allongée sur le dos, lever les jambes verticalement et les passer autour du cou de l'homme, amenant ainsi la poitrine masculine contre elle, ce qui lui permet de varier les sensations en étirant une jambe ou l'autre.

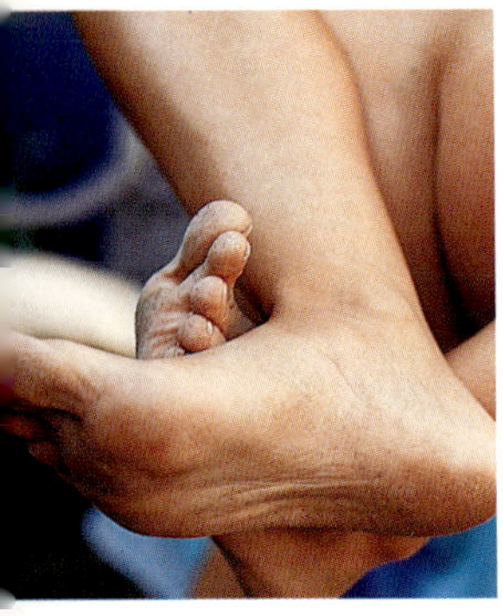

4 Un fois le couple en parfait équilibre, la femme croise ses jambes à hauteur des fesses de l'homme, qui la maintient par la taille, prêt à la pénétrer.

5 Enfin, il dépose sa partenaire sur la pile de coussins, moment déterminant car il doit éviter toute contrainte dorsale excessive en supportant son poids sur une seule jambe. L'ayant saisie par les bras, il peut exécuter les va-et-vient en se balançant d'avant en arrière.

...et d'autres encore

Ci-dessus: Le prince a su s'y prendre avec la jeune fille qu'il a ramenée au palais. Une fois leur union consommée, il appellera un prêtre brahmane pour les marier devant un feu sacré.

Certains adeptes du tantrisme estimaient que les positions coïtales difficiles se pratiquaient mieux dans l'eau. Cela facilitait la pénétration en station debout, comme lorsque le couple s'appuyait contre un pilier. Dans une variante plus ardue, l'homme s'appuyait contre un mur, la femme s'unissant à lui, assise sur ses mains croisées et bras passés autour de son cou. Jambes pliées et remontées, elle s'appuie des pieds contre le mur, faisant rentrer et sortir le lingam de son yoni, position appelée coït interrompu (NdT: rien à voir avec le procédé contraceptif).

Parfois, la femme se met à quatre pattes et son amant la pénètre comme le fait un taureau, position dite de la vache. Si l'homme apprécie la présence de deux femmes, l'union est dite triangulaire. S'il est assez heureux pour que de nombreuses femmes soient présentes simultanément, on parle de troupeau de vaches, ce qui arrive souvent lorsqu'un homme est discrètement introduit dans le harem royal. Dans certaines régions de l'Inde, s'émerveille Vâtsyâyana, il est courant qu'une seule femme se partage simultanément entre beaucoup d'hommes: son mari et ses amis. Il achève son traité sur les différentes manières de s'accoupler en mentionnant brièvement la sodomie, apparemment très appréciée en Inde méridionale.

La fleur épanouie

Le nom de cette position vient des élégantes et lentes figures que dessinent les corps des amants qui s'enlacent et s'apaisent, comme une fleur qui s'épanouit. Elle permet au couple de se détendre après des ébats enflammés. Marquée par la tendresse et l'intimité, elle donne à chacun l'occasion de se rappeler et savourer les sensations partagées avant de sombrer dans un bienfaisant sommeil.

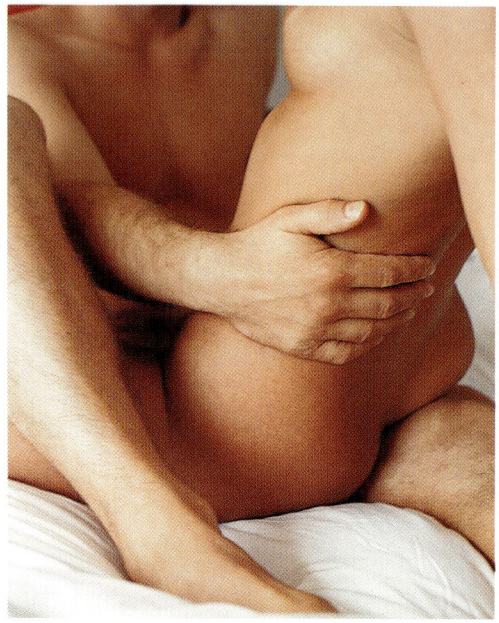

1 L'homme, assis sur le lit, dos droit et jambes étendues relève le genou droit, pose le pied à plat et à hauteur du genou gauche. Renvoyé en arrière, il prend appui sur les mains.

2 La femme s'assoit en oblique dans son giron, genoux pliés et pieds à plat, la jambe gauche passée sous la jambe droite de son compagnon. Comme lui, elle s'appuie en arrière de la main gauche. Il la pénètre alors. Leurs bras droits se croisant, ils posent les mains correspondantes sur leurs épaules droites, échangeant leurs regards.

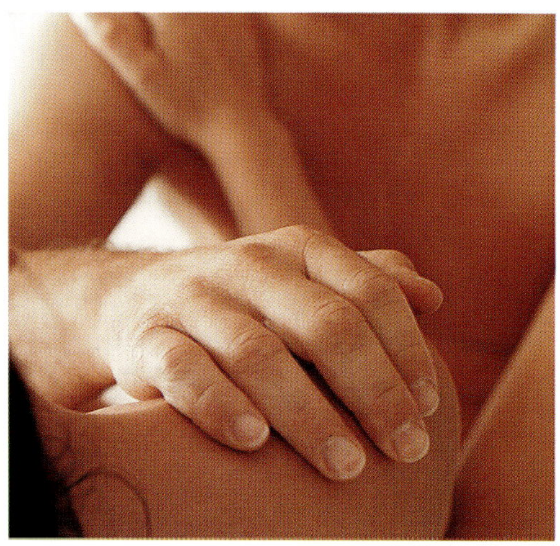

3 Puis les amants s'allongent lentement sur le lit, mains glissant le long de leurs bras, appuyés sur leurs coudes gauches. La femme passe une jambe de chaque côté de son partenaire.

Choisir une épouse

Le fait de choisir une bonne épouse est récompensé par une vie de bienfaits, car elle fera don d'un amour sans histoires, engendrera une descendance saine et ménagera de solides amitiés. Vâtsyâyana conseille à son élève la recherche d'une fille appartenant au même milieu social, issue d'une bonne famille et jouissant de riches relations. Elle doit aussi être jolie, calme, en excellente santé, et surtout vierge, ce qui, étant donné les mœurs en vigueur dans la société indienne de jadis, devait être bien difficile, à moins qu'elle ne soit vraiment très jeune. En conséquence, il est recommandé à l'homme de choisir une fille prépubertaire.

Il doit avant tout s'assurer qu'elle ne présente pas d'imperfections telles que nez et narines retroussés, organes génitaux masculins, cuisses tordues, front saillant, paumes et plantes moites, ou calvitie. En outre, si elle porte le nom d'une étoile, d'un arbre ou d'un cours d'eau, elle lui portera malheur, mais également si son nom se termine par les lettres «r» ou «l».

Après avoir constaté la justesse de son choix, le futur mari met à contribution amis et relations qui s'attacheront à faire la connaissance de l'autre famille et le présenteront comme meilleur candidat en tant que gendre, vantant l'excellence de son ascendance et la noblesse de son caractère tout en dénigrant celles de ses rivaux. Un de ses amis devra jouer les astrologues, faisant état d'heureux présages et de conjonctions planétaires favorables prouvant combien cette union sera bénéfique. D'autres s'emploieront à rendre jalouse la mère de l'élue, la persuadant que d'autres femmes intriguent pour que leurs filles se marient avec lui. Ainsi prendra-t-il rapidement sa décision afin qu'une date soit fixée pour les noces.

4 Lui lâchant la main, l'homme étend la jambe droite pour toucher le côté gauche de sa compagne. En se tortillant, les amants rapprochent leurs sexes tout en renvoyant en arrière la partie supérieure de leur corps, à la fois unis et séparés, chacun contemplant son univers. La femme lève alors les bras au-dessus de sa tête et joint les mains en signe d'unité et de satisfaction, la main gauche de son partenaire affectueusement posée sur sa jambe droite.

Ci-dessus: Voici une variante de cette position: la jeune femme s'apprête à frapper son amant avec une fleur. Autrefois, en Inde, les classes oisives usaient d'un sadomasochisme plus violent pour évacuer les états émotionnels qu'un code de conduite tatillon refoulait.

La Vénus indienne

Les écrivains hindous ont décrit de manière vivante leur idéal féminin, personnification de la déesse. Ils l'appelaient Padma – le lotus – symbole du yoni. De forte constitution, sensuelle, à la peau fine d'un jaune aussi lumineux qu'une fleur de moutarde, ses traits étaient sereins comme la pleine lune. Charnu, son ventre était barré de trois profonds plis. Ses bras et jambes, à fossettes, avaient un joli galbe. Couleur ambre clair, ses yeux, exprimant la douceur et la timidité d'un faon, avaient une forme effilée. On en prisait notamment les caroncules rouge clair, petites excroissances charnues des angles oculaires internes, atout esthétique fort négligé en Occident. Son nez droit était élégant. Ses seins étaient – on s'en serait douté – fermes, bien galbés et ornés de mamelons brun foncé bien dessinés. Son yoni ressemblait à un bouton de lotus s'épanouissant dans la plénitude de sa beauté, et ses sécrétions amoureuses avaient le parfum du lis récemment ouvert.

Sa démarche était aussi gracieuse que celle d'un cygne glissant à la surface de l'onde lisse d'un bassin, et sa douce voix musicale rappelait le chant mélodieux du kolika. Elle portait des vêtements d'un blanc immaculé aux riches motifs et se parait de bijoux raffinés. Mangeant peu, le sommeil léger, elle devait se faire admirer et apprécier tout en restant discrète. Ses qualités majeures étaient la fidélité, l'obéissance, la politesse et le respect envers son mari, ses plus grands plaisirs consistant à célébrer le culte des dieux et à cultiver ses facultés intellectuelles au contact des saints hommes.

Le cheval

Pour cette position, qui exige une torsion de la colonne vertébrale, la femme doit avoir un dos solide et souple pour être parfaitement à l'aise. L'homme doit se laisser guider par la réceptivité du yoni en ce qui concerne la profondeur de pénétration, sa partenaire étant confortablement installée à quatre pattes, tête posée sur les avant-bras et fesses hautes, son dos n'étant soumis à aucune contrainte lorsqu'elle s'offre aux enthousiastes et fougueux va-et-vient de son amant.

2 Elle passe son genou gauche au-dessus des cuisses masculines. La soutenant à hauteur de la taille avec le bras gauche, son amant lui saisit la cuisse droite.

1 L'homme s'agenouille jambes jointes, fesses sur les talons, orteils et plantes des pieds à plat. À sa gauche, la femme en fait autant à le toucher, l'un prenant l'autre respectivement par la taille et les épaules.

L'intermédiaire

3 Les amants peuvent ainsi échanger des baisers, l'homme caressant le sexe de sa partenaire.

Quand on a du mal à aborder l'objet de son amour ou à s'assurer de ses sentiments, Vâtsyâyana estime utile l'intervention d'un(e) intermédiaire. Ainsi, l'homme amoureux d'une femme mariée et incertain de la façon dont elle réagira à sa proposition lui envoie une domestique chargée de gagner sa confiance et de la duper par la flatterie, en lui chuchotant qu'une femme intelligente, jolie et agréable comme elle mérite beaucoup mieux que ce mari, juste bon à être son serviteur. Enfin, pour noircir davantage sa réputation, elle fait remarquer qu'il est obtus, méprisable et indigne de confiance. Si, petit, il se montre indifférent au lit alors que sa femme, sensuelle, aime le sexe – femme-éléphant – la domestique notera ce désaccord en feignant la surprise. Le terrain une fois préparé, elle peut parler de son maître, le portant aux nues et lui annonçant qu'il est tombé follement amoureux d'elle. Lors des visites suivantes, elle lui apporte les présents offerts par son soupirant: figurines découpées dans des feuilles, boucles d'oreilles et couronnes de fleurs dissimulant des lettres d'amour.

Une femme peut également agir en son propre nom, abordant l'homme qu'elle désire en lui déclarant qu'ils ont eu, en rêve, une étreinte passionnée. Elle lui offre une fleur au parfum suave dont la tige porte les marques de ses dents et ongles, affirmant être au courant de l'attrait qu'elle a toujours exercé sur lui. Elle lui demande alors qui, d'elle ou de son épouse a le plus d'allure. Inutile de préciser que l'auteur recommande d'observer une discrétion absolue lors de ces rencontres et tête-à-tête.

4 Ils joignent leurs mains droites, l'homme guidant le bras de sa partenaire au-dessus de sa tête. La femme est alors prête à se pencher en avant pour s'appuyer sur les coussins.

5 La soutenant par les hanches, son compagnon se dresse sur les genoux tout en la faisant glisser en avant. Dans cette position, plus le bassin de la femme est incliné vers lui, plus ses va-et-vient peuvent être énergiques.

Chronique d'une rupture annoncée

Dans ses conseils à la courtisane, Vâtsyâyana expose les huit signes révélant qu'un homme va la quitter. Elle doit guetter les changements qui affectent son humeur et son teint. Elle saura que quelque chose va de travers s'il la déçoit ou la berce de promesses extragantes qu'il ne tiendra jamais. Autre signe fiable: il chuchote mystérieusement aux oreilles de son entourage ou, pire encore, à celles d'une domestique lui apportant un message confidentiel provenant d'une inconnue.

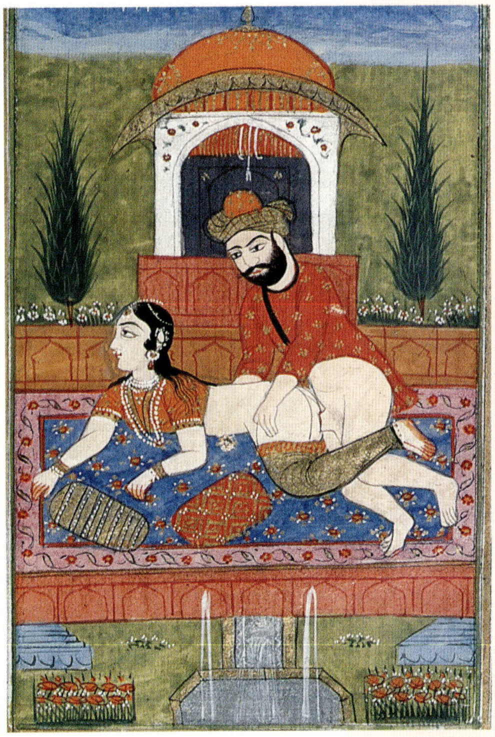

Ci-dessus: Cette miniature des plus colorées montre la richesse et la symétrie du jardin d'agrément où s'ébat le sultan. Fontaines cristallines, pavillons ombragés et gloriettes parfumées étaient propices à l'art de la séduction.

Ayant découvert que les sentiments de son amant à son égard se modifient, elle doit agir très vite afin de s'approprier le maximum de ses richesses, allant jusqu'à lui envoyer des domestiques jouant les huissiers pour le spolier de ses biens les plus précieux. Forte de cela, elle peut le quitter avant qu'il ne se sépare d'elle. En l'occurrence, l'auteur lui recommande de se montrer désagréable afin qu'il se détache d'elle.

Vâtsyâyana lui conseille de rabattre le caquet de son amant en lui parlant d'un ton méprisant quand il exprime ses opinions ou étale sa culture, ainsi qu'en traitant habilement de sujets qui lui sont étrangers. Elle critiquera d'autres hommes dont il partage les défauts, l'interrompra au milieu d'un récit, rira quand il essaiera de l'impressionner, ou fera les yeux doux à ses domestiques. Par son attitude au lit, elle lui exprimera sa déception, refusant ses baisers sur la bouche et omettant de se serrer contre lui quand il l'embrasse, prétextant la fatigue et affichant une froideur glaciale dans leurs étreintes. S'il persiste à lui rendre visite, elle le fera jeter hors de chez elle. Alors, selon l'auteur, elle aura joué son rôle de courtisane : profiter d'un homme dans les bons moments et des récompenses qu'il lui consent, puis lui prendre ses biens avant de l'envoyer promener.

L'éternité

Cette position est ainsi désignée parce que sa dynamique évoque une spirale : renouvelant sa promesse d'amour après une absence du foyer, l'homme incarne une volute protectrice abritant la femme. Très simple à prendre, elle permet une pénétration profonde. Les amants fixent l'inconnu de leurs regards, insensibles aux peurs qu'il réserve, sûrs de leur engagement mutuel. Des pieds, la femme se presse contre l'homme, en signe de séparation; lui, en guise de réponse, l'étreint.

1 La femme s'assoit, genoux joints, songeant à son amant. Triste en raison de son absence, elle détourne son corps de la porte, abaissant les genoux du côté gauche tout en s'appuyant sur les paumes, comme ci-contre.

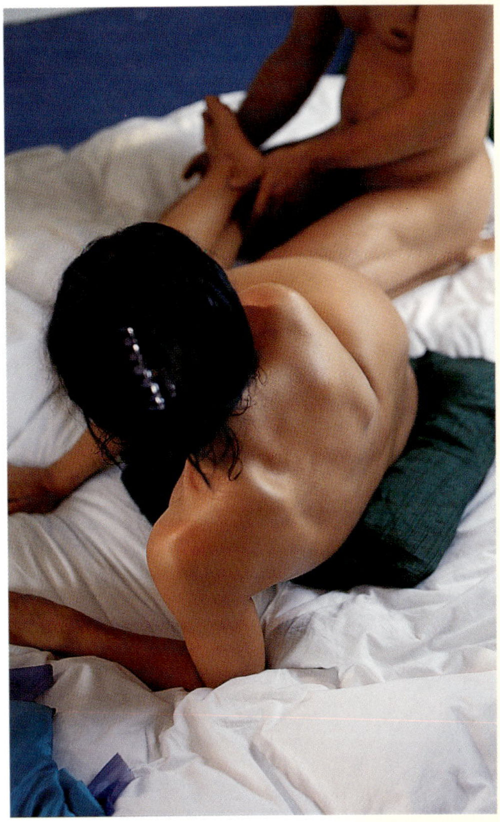

2 Revenant à l'improviste, son partenaire s'agenouille à ses pieds et commence à les caresser. Elle, ayant pleuré de crainte qu'il ne meure, se retourne à demi vers lui.

Faire face à la séparation

Si un homme doit quitter temporairement le pays ou en est banni par le roi, sa maîtresse lui exprimera son amour et sa crainte face à leur séparation dans les termes les plus pressants. D'abord, selon Vâtsyâyana, elle doit le prier de l'emmener avec lui en voyage. Si c'est impossible, il est de bon ton qu'elle s'évanouisse et déclare que son seul but dans l'existence est d'être unie à son amant et qu'elle ne peut vivre sans lui. Elle lui rappellera opportunément l'époque où sa mère (à elle) essayait de s'interposer, où elle menaçait de se laisser mourir de faim, de s'empoisonner, se poignarder ou se pendre. Si, malgré ses supplications, il est résolu à partir sans elle, elle doit lui faire jurer de revenir vite.

En l'absence de son partenaire, elle se languit d'amour pour lui et ne prend plus soin d'elle, ne portant aucun bijou, excepté des amulettes, abandonnant ses oraisons et visites quotidiennes à leurs connaissances au profit d'une attente anxieuse. Sans nouvelles après la date supposée de son retour, elle doit par tous les moyens s'informer du moment exact où il reviendra, consultant même les oracles, interprétant ses rêves et observant les conjonctions planétaires. Si elle a tout lieu de croire qu'il a connu des mésaventures, elle doit célébrer des rituels et des sacrifices pour apaiser les dieux. Quand, finalement, il revient, elle remercie la déesse, célèbre le culte rendu au corbeau, le dédiant à ses relations défuntes.

3 Remontant lentement le long de son corps, qui revit sous ses caresses, il lui saisit l'épaule gauche et dépose un baiser sur sa bouche. Puis elle se retourne pour se mettre à quatre pattes, prenant appui sur les coussins, tandis qu'il la pénètre.

Comment rendre un homme amoureux

Ci-dessus: Ici, le voyageur rassure son épouse quant à son ardeur amoureuse après une longue absence. Le regard rendu méditatif et triste par la solitude, elle soupire toutefois en signe de pardon et de résignation, posant la main sur celle de son époux. Simultanément, leur corps s'unissent dans le plaisir.

Tout d'abord, il ne faut pas se précipiter car, Vâtsyâyana l'affirme, les hommes ont tendance à mépriser ce qu'ils conquièrent trop aisément. Au lieu de rendre visite elle-même à celui qu'elle convoite, une femme doit avoir recours à ses domestiques pour savoir dans quelles dispositions il est. Elle peut lui envoyer ses bouffons, masseurs et confidentes pour le divertir et le circonvenir. À leur retour, ils doivent lui fournir un rapport détaillé révélant s'il est naïf, maniéré, libre ou engagé ailleurs, indifférent ou impitoyable, généreux ou avare. Si ce qu'elle entend lui convient, elle l'invite chez elle sous prétexte d'assister à un combat de coqs, un concours entre béliers ou cailles, ou à écouter le chant de ses étourneaux. Puis, lors de sa visite, elle lui offre un cadeau destiné à éveiller sa curiosité et lui inspirer de l'affection. Ayant attiré son attention, elle peut alors stimuler son imagination par des récits passionnants. Ensuite, pour se rappeler à ses bons souvenirs, elle lui envoie de temps à autre sa domestique pour qu'elle lui remette des billets coquins et spirituels. Ainsi est-il conquis.

Lors de sa première visite en tant qu'amant, elle lui offre des noix de bétel à mâcher, enveloppées dans leurs feuilles apaisantes et rafraîchissantes. Elle lui passera un collier de fleurs fraîches et lui proposera de frictionner son corps d'onguents parfumés. Au cours d'un badinage amoureux, elle lui fait don de menus présents à caractère intime, suggérant la réciproque. Enfin, ses charmes ayant produit leur effet, elle lui fait l'exquise démontration de ses connaissances en Kâma Sûtra.

Le désir frénétique

Cette curieuse position s'inspire de la miniature indienne présentée p. 109. L'environnement calme et luxuriant montre la nature poursuivant son œuvre : fleurs entrelacées dans le tapis et oiseaux totalement inconscients des corps nus. Bien que les amants échangent des regards sereins, leurs vêtements défaits gisent en tas (à comparer avec la soigneuse disposition d'épées, fruits et verres de tonique visibles ailleurs) tandis que le ballet de leurs jambes trahit leur émoi : hanches, cuisses, mollets, chevilles et pieds sont pris de frénésie. Ici, l'artiste s'est laissé emporter par sa passion, inégalée. Mieux vaut être musclé, souple et pratiquant confirmé du yoga.

1 L'homme est assis, jambes étendues et dos droit. La femme s'agenouille, fesses dans son giron, serrée contre lui, genoux à hauteur de ses hanches. Mains passées autour de la taille de son amant, elle joint les siennes dans son dos, front tendrement posé sur le sien. Le moment venu, il la pénètre.

2 Il la maintient à hauteur de la taille tandis qu'elle se renvoit en arrière, plaçant ses paumes à plat, doigts dirigés vers lui. Elle lève la jambe gauche et la pose sur son épaule droite.

3 Puis il se renvoit en arrière, paumes placées à la verticale des épaules, s'appuyant sur les bras pour décoller les hanches du sol, sa partenaire se cambrant pour l'accompagner dans son mouvement. Bien qu'elle écarte davantage les jambes, son pied droit reste en appui sur le sol.

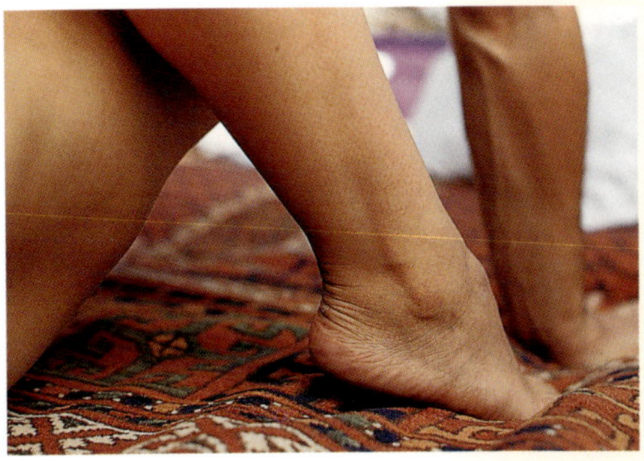

Ce qu'un homme apprécie

L'homme aime être traité comme un dieu. Dans un long développement, Vâtsyâyana indique en détail comment flatter l'ego masculin, faisant preuve d'ingéniosité. La femme doit envoyer sa domestique chez lui pour qu'elle ramène les fleurs que le jardinier a disposées à son intention la veille, afin qu'elle jouisse du même spectacle. Elle doit aussi ramener feuilles et noix de bétel préparées pour lui, mais qu'il n'a pas encore mâché. Ils doivent échanger leurs secrets, mais elle doit toujours garder les siens. Elle doit dissimuler sa colère, s'émerveiller de ses qualités d'amant, s'occuper assidûment de lui au lit, caresser toutes ses zones érogènes et l'enlacer même quand il dort. Elle doit incarner un parfait miroir de ses émotions, le regarder anxieusement quand il est plongé dans ses pensées, haïr ses ennemis, se montrer abattue quand il est déprimé, feindre la jalousie à l'égard de toute femme l'admirant et la consternation s'il lui arrive le plus léger accident, voire même quand elle l'entend soupirer ou bâiller. Attentionnée, elle est prompte à lui dire «à tes souhaits» quand il éternue, mais reste prudemment silencieuse lorsqu'il semble souffrir d'une intoxication. S'il est malade, elle sombre dans une sorte de deuil, refusant de s'alimenter, ne portant que des vêtements simples et refusant que ses domestiques lui proposent parfums et bijoux. Enfin, elle doit endosser la responsabilité de ses fautes, et lui proposer d'accomplir vœux et jeûnes auxquels il s'est engagé pour les expier.

4 Elle lève la jambe droite. Il met la sienne au-dessus de sa cuisse, comme ci-dessus, et place son pied à sa droite.

5 Il l'attire à lui. Puis ils s'enlacent, échangeant des baisers et se balançant à la faveur d'une étreinte pressante.

Ci-dessus: La licence d'artiste montre un impossible enchevêtrement de membres. Malgré leur désir frénétique, les amants parviennent à échanger un long regard sensuel, gage d'un tantrisme authentique.

Une journée royale

Lorsque, tard dans la matinée, le roi se réveille, les femmes de son harem lui apportent fleurs, onguents parfumés et robes somptueuses choisies pour lui par ses épouses. En échange, il leur offre des cadeaux, et leur remet les vêtements portés la veille. À midi, portant parure et joyaux, il se rend au harem dans les suites privées de ses concubines et danseuses. Après un petit somme dans les appartements royaux, il reçoit les domestiques des épouses pressenties pour passer la nuit avec lui. Chacune des concubines lui a préalablement fait parvenir un onguent marqué de son sceau figurant sur son anneau et lui expose les raisons pour lesquelles elle souhaite passer la nuit avec lui. Il écoute attentivement, puis fait son choix. Celle qu'il désigne est informée des intentions royales puis ses servantes la baignent et la toilettent avant de la parfumer, puis de l'habiller pour la nuit.

Prudent, Vâtsyâyana recommande au roi régnant sur beaucoup d'épouses de se conduire équitablement avec elles. Si son harem est important – le nombre de femmes peut atteindre des milliers – il doit essayer de satisfaire plusieurs d'entre elles en une seule nuit, si possible simultanément.

Le jacaranda

La miniature de la p. 113 présente une scène torride: La femme, cheveux défaits, se précipite sur son amant allongé à plat dos, en érection, attendant que sa compagne l'étreigne passionnément. Leurs bras et jambes s'enlacent spontanément.

1 La femme s'assoit, dos droit et jambes écartées. L'homme s'assoit dans son giron, jambes passées au-dessus des siennes, pieds derrière elle. Ils s'étreignent, échangeant des baisers, et elle joint les pieds derrière lui. Ils peuvent rester ainsi un long moment, l'excitation montant.

2 Elle glisse ses bras autour du creux des reins masculins, soutenant son partenaire tandis qu'il s'allonge sur la pile de coussins placés derrière lui.

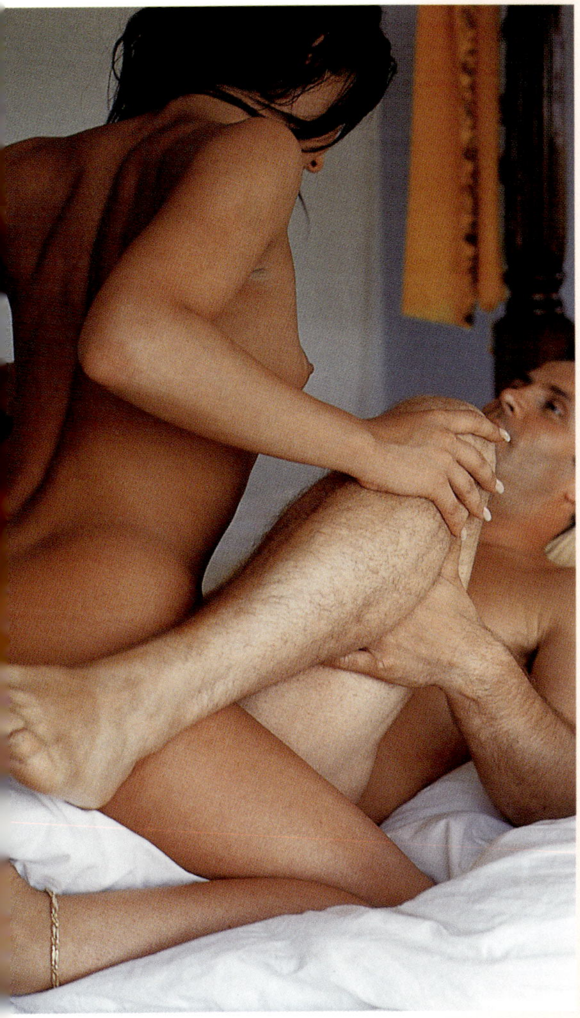

3 Il lève les jambes, s'aidant des mains pour écarter les cuisses tandis qu'elle se penche en avant au-dessus de lui, plaçant les mains au niveau des genoux de son amant.

Comment reconnaître l'amour

Selon Vâtsyâyana, dix signes permettent de reconnaître une personne amoureuse, symptômes qui s'accentuent à mesure que le sentiment s'aiguise. Il y a d'abord l'attrait physique, puis l'attachement affectif, suivis par l'obsession de l'être bien-aimé au point de se tourner et retourner la nuit sans trouver le sommeil. Puis l'appétit disparaît, entraînant un amaigrissement. Le sujet perd l'intérêt pour tout ce qui, auparavant, lui était source de plaisir. Il se comporte de manière inconséquente, fréquentant les lieux publics dans l'espoir d'apercevoir l'être cher, ne prêtant aucune attention à quiconque comprend qu'il est éperdument amoureux. Ensuite, perdant totalement la raison, il commence à tenir des conversations insensées, en appelant à l'être aimé dans son délire verbal, avant de s'évanouir pour, finalement consumé de passion, avoir le cœur brisé et mourir.

Heureusement, avant d'en arriver là, l'être cher peut témoigner d'une ardeur réciproque. L'auteur dresse la liste des dix manières dont une femme peut exprimer son amour : aborder l'homme sans l'avoir été elle-même au préalable; s'offrir à sa vue en des lieux discrets; lui parler, haletante d'émotion, mais le visage rayonnant de joie, doigts et orteils moites de nervosité. Le reste porte sur la façon dont la femme shampouine le corps de l'homme – le mot shampooing, d'origine hindi, veut dire pétrir – si bien que, soudain, l'intimité semble s'être instaurée dans le couple. Le massant, elle soupire et pose sa joue sur ses cuisses de telle sorte que l'amoureux le moins hardi comprend le message.

4 Toujours penchée en avant, elle pose une jambe, puis l'autre, en arrière et s'agenouille en les écartant, pieds reposant sur les orteils. Puis, sautant sur son amant, elle ramène les genoux de ce dernier contre son torse avant de guider son lingam en elle. Cette position est excitante, mais instable, aussi doit-elle veiller à ne pas effectuer de va-et-vient trop énergiques, au risque d'interrompre le coït.

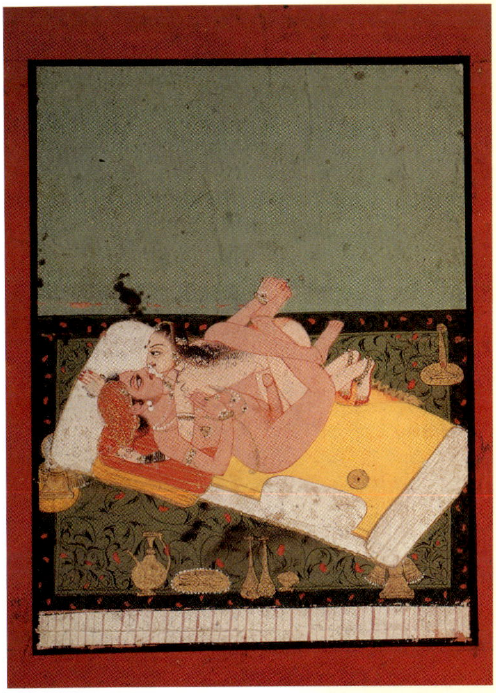

Ci-dessus: Le sultan s'abandonne à l'exquis «supplice de Tantale» que lui inflige son épouse en se balançant, provocante, au-dessus de son lingam en érection. Elle incarne à la fois son esclave et l'insatiable déesse Kâlî.

Envies...

L'élève en Kâma Sûtra reçoit sa bien-aimée dans le salon de plaisir, décoré de fleurs et embaumant, en compagnie de ses amis et domestiques. La femme entre, après s'être baignée et parfumée, portant robes, fleurs et bijoux somptueux. Elle s'assoit à sa gauche, et il lui offre à boire. Puis, caressant sa chevelure et le nœud de sa parure, il l'étreint doucement tout en conversant et badinant à propos de sujets rarement abordés en société... Les convives jouent de la musique, chantent et boivent jusqu'à ce qu'elle succombe d'amour et de désir. Sur un signe de l'homme, ses amis et domestiques quittent la pièce emportant présents, fleurs, onguents et feuilles de bétel. Seuls, ils peuvent célébrer leur attirance réciproque.

Après les ébats, les partenaires se quittent et se rendent séparément au cabinet de toilette. Ensuite, ils s'asseoient ensemble et mâchent des feuilles de bétel pour se rafraîchir l'haleine, puis l'homme frictionne le corps de sa maîtresse avec de l'huile de santal. Il lui fait déguster des mets raffinés et lui offre à boire dans sa coupe. À ce propos, Vâtsyâyana propose maints breuvages de circonstance, dont jus de mangue, de citron sucré; sorbets; soupes froides; bouillie d'avoine et jus de viandes. Enfin, les amants se dirigent vers la terrasse pour jouir du clair de lune et poursuivre leur agréable conversation. La femme pose la tête sur les genoux de l'homme, qui les enveloppe d'une couverture avant de lui faire contempler étoiles et constellations.

Monter l'éléphant

Les amants indiens étaient très inventifs. Cette position est idéale pour s'étreindre dans un *hawda*, siège à baldaquin protégeant le cornac des rayons du soleil. Le mouvement de roulis exécuté par l'animal quand il marche se transmet au couple, qui n'a ainsi nul besoin de remuer. Mais on peut la pratiquer chez soi si on ne possède pas d'éléphant !...

1 Dos droit, l'homme s'agenouille jambes écartées et posées à plat, orteils dirigés vers l'extérieur. La femme s'assoit dans son giron, face à lui, genoux relevés et pieds à plat. Le couple s'enlace. Dans cette position, ils peuvent échanger des baisers et se caresser.

2 Il maintient sa partenaire par la taille tandis qu'elle guide son lingam en elle. Puis ils restent immobiles, sensibles au courant énergétique qui s'établit entre eux.

Une existence oisive

L'attrait du Kâma Sûtra réside dans l'évocation exotique d'une existence vouée à la sensualité. Jadis, le «salon de plaisir» idéal du citoyen comprenait deux pièces, l'une où les femmes se tenaient, et l'autre meublée d'un lit confortable – recouvert d'un tissu blanc propre – sur lequel, à chaque extrémité, se trouvait un coussin, le tout surmonté d'un baldaquin à guirlandes fleuries. L'air était imprégné de senteurs capiteuses. À côté du lit, se trouvaient un canapé et une table basse sur laquelle étaient disposés onguents parfumés, vases de fleurs et plateaux garnis d'écorces et de graines odorantes destinées à être mâchées pour rafraîchir l'haleine. L'habitude consistant à mastiquer des noix de bétel, légèrement anesthésiques, qui entraînent une sécrétion accrue de salive rose, nécessitait la discrète présence d'un crachoir. Également à portée de mains, se trouvaient différents objets et jeux : boîte de colifichets, luth pendant à une patère faite d'une défense d'éléphant, de quoi écrire et dessiner, livres de contes, jeux de société et de hasard (dés).

À l'extérieur, une terrasse donnait sur un jardin d'agrément. Par les nuits chaudes, les femmes du harem disposaient tapis et coussins à la belle étoile et se préparaient à l'amour au milieu d'un bruyant chœur de grillons et de grenouilles. Dans le jardin, se trouvaient bassins, fontaines, volières peuplées d'oiseaux chanteurs, gloriette couverte de plantes grimpantes et atelier destiné à la pratique d'activités créatrices telles que sculpture et filage. Disséminées ici et là parmi les arbres, différentes balançoires montaient et descendaient. De fait, elles étaient souvent prétextes à étreintes, surtout lorsque l'homme se divertissait en compagnie de plusieurs femmes.

3 Ensuite, la femme se prépare à «monter l'éléphant»: passant son bras droit autour de l'épaule gauche de son amant, elle pivote légèrement vers la droite, tandis qu'il lui soutient les fesses. Puis elle passe la jambe droite autour de la taille de son compagnon, la maintenant fermement, tandis qu'il abaisse sa main droite et la passe sous la jambe gauche de sa maîtresse pour lui saisir la cheville. De la main gauche, elle s'appuie sur lui. Leurs sexes sont donc très proches, si bien que de légers balancements s'avèrent très excitants, l'homme pouvant mobiliser la jambe droite de sa partenaire. Pour mieux contrôler cette étreinte, de sa main gauche, il peut soulever la fesse droite de sa compagne.

Le baiser

Le Kâma Sûtra recommande le baiser des zones corporelles suivantes: front, yeux, joues, cou, seins, lèvres et bouche. Une vive passion peut conduire les amants à poursuivre par les creux de l'aine, les bras et le nombril. Au début, le baiser veut que la jeune femme se contente d'effleurer les lèvres de son partenaire. S'enhardissant, elle peut lui donner un «baiser palpitant», agitant sa lèvre inférieure contre celle que son amant insinue entre les siennes. Excitée, elle ferme les yeux, pose ses mains sur celles de son compagnon et, de la langue, lui touche les lèvres.

Les amants flirteurs jouent aussi à saisir le premier les lèvres de l'autre. Si la femme perd, elle feint de pleurer et demande à prendre sa revanche. Si elle perd une seconde fois, elle doit s'efforcer de recommencer, mais cette fois en saisissant la lèvre inférieure de son compagnon entre ses dents pour la mordre fortement, avant de rire pour le stimuler et se moquer de lui à grand renfort d'œillades.

Vâtsyâyana imagina un langage du baiser : pour éveiller l'amour, embrassez l'être cher pendant qu'il dort; pour lui montrer qu'il vous attire, donnez, en sa présence, un baiser à un enfant assis sur vos genoux; ou, s'il vous regarde, faites-en autant avec un tableau, une image ou une figurine. Lorsqu'il rencontre une femme au théâtre, un homme peut lui exprimer ses intentions en déposant un baiser sur l'un de ses doigts si elle est debout, ou sur l'un de ses orteils si elle assise. Pour enflammer son compagnon, une femme qui lui shampouine le corps peut poser son visage sur sa cuisse, comme si elle dormait, puis appliquer un baiser à cet endroit, ou lui sucer le gros orteil.

Ci-dessus: Cette position coïtale est un classique de l'amour tantrique. Il est caractérisé par une grande économie de mouvements et un échange de regards permanent. Les amants baignent dans une atmosphère de transcendance érotique où les sensations fusionnent avec l'éternité.

Unis pour la vie

Cette position – à ne prendre qu'allongé – exige de la femme un dos solide, souple, et une pratique régulière du yoga. Une fois pénétrée, elle fait pivoter son buste vers son partenaire allongé derrière elle, ses hanches restant à plat. Jambes entrelacées, les amants, par leurs regards, donnent l'impression de faire route ensemble dans l'existence. Sur la miniature de la p. 121, il est impossible d'affirmer qu'ils sont debout ou assis, mais mettons cela sur le compte d'une imagination artistique enfiévrée.

1 L'homme est allongé sur le côté droit, jambes droite et gauche respectivement pliées devant lui et ramenées en arrière, comme s'il courait. Sa compagne a le dos posé sur la jambe droite de son amant, dont le bras droit est passé sous son cou. Il peut ainsi caresser, de sa main gauche, ses seins ou son yoni. Puis, il saisit sa main droite, tandis qu'elle tourne son visage, qu'elle niche dans la main gauche masculine, pour échanger un baiser,

La première fois

La femme est allongée sur le lit. Apparemment distrait par la conversation, l'homme tire sur ses sous-vêtements et, quand elle proteste, la couvre de baisers. Ses mains la touchent en différents endroits, tenant d'abord sa chevelure et son menton pour lui donner des baisers. Puis il lui caresse les seins qu'elle essaiera probablement de couvrir avec ses mains. Ensuite, il place sa main entre ses cuisses, qu'elle peut avoir serrées. Ses sens s'éveillant, son corps se détend et elle ferme les yeux. Il peut alors lui caresser le yoni, avant de la pénétrer.

Les différents types de coït impliquent une inclinaison variable du lingam tenu à la main, vers l'avant ou l'arrière du yoni, et immobile après pénétration, ou animé d'un mouvement rotatif, ou encore de va-et-vient alternativement longs et courts, ce qui suppose de le sortir presque complètement avant une nouvelle intromission rapide. Les va-et-vient énergiques – la «danse du moineau» – mènent à l'orgasme.

2 Le moment venu, elle pivote à droite, lui tournant le dos, puis étend la jambe droite entre les siennes avant de basculer son buste en avant inclinant la tête vers le genou droit de son amant, qui alors la pénètre.

3 Du bras droit, il fait pivoter le buste de sa compagne vers lui et place sa cheville droite sous son genou gauche pour immobiliser sa jambe. Elle relève son bras gauche pour lui caresser le cou et tourne son visage vers lui. De sa main gauche, il lui saisit le genou droit et le ramène en arrière.

Ci-dessus: Dans un autre position, impossible à prendre sans se casser une jambe, l'artiste représente les amants enlacés pour la vie. Allongés, inventez votre propre variante.

L'épouse-vierge

Vâtsyâyana reconnaît que séduire une vierge est délicat, en raison de ses probables jeunesse et frayeur. Il conseille à son mari de renoncer à tout rapport sexuel aussi longtemps que nécessaire après les noces afin de gagner sa confiance et ses faveurs au gré de divertissements musicaux, visites rendues à ses relations et chastes étreintes faites d'enlacements à hautcur de la seule moitié supérieure du corps. Une fois détendue dans ses bras, il peut lui offrir des noix de bétel enveloppées dans leurs feuilles. Mâchées, elles lui procureront des picotements de la muqueuse buccale accompagnés d'un agréable engourdissement. Agenouillé à ses pieds, il la suppliera d'accepter celles qu'il veut lui mettre dans la bouche, avant de lui donner de doux et délicats baisers silencieux. Maintenant qu'il l'a très symboliquement pénétrée, il peut commencer à lui poser des questions pour connaître sa tournure d'esprit. Là, elle peut feindre d'ignorer les réponses ou bien, par coquetterie, les lui donner par l'intermédiaire d'une amie.

Son désir s'éveillant, elle lui donne la couronne et l'onguent qu'il a demandé, après quoi il peut lui caresser les seins. La nuit suivante, il lui caressse tout le corps et, quand elle est prête, il lui enlève sa robe et ses sous-vêtements, avant de lui frictionner les aines. Dès qu'elle atteint un certain degré d'excitation, il poursuit en lui enseignant le Kâma Sûtra, en l'assurant de son amour et de sa fidélité. L'auteur recommande vivement à son élève de ne pas brusquer les choses car sinon elle le haïra; en même temps, il ne doit pas satisfaire d'emblée à tous ses souhaits, mais observer un habile juste milieu.

Le Gange

Assez difficile, cette position exige de la femme qu'elle pratique le yoga afin d'avoir les bras musclés et le dos souple. Si l'homme a l'initiative, l'angle de pénétration en phase finale, inhabituellement faible, restreint la liberté de mouvement. Ici, équilibre et grâce sont la clé. Si la femme se fatigue, revenez à la phase 3, dans laquelle l'homme la soutient plus aisément en perspective de va-et-vient plus énergiques.

1 La femme, debout, pieds écartés d'une largeur d'épaules et bras le long du corps, lève ces derniers dans un salut au soleil, les joignant au-dessus de sa tête en décrivant un large arc de cercle. Puis, thorax et bras alignés, elle se plie en deux et pose ses paumes entre ses pieds. L'homme se place derrière elle.

2 L'homme fait porter son poids sur sa jambe droite légèrement pliée, pied en avant et à gauche de celui de sa compagne qui, s'appuyant sur les mains, lève le pied droit et fait décrire à sa jambe un arc de cercle ascendant, vers l'arrière. Son amant pose sa main droite sous sa cuisse et l'aide à placer son tibia contre sa poitrine, pied dirigé vers le haut et appliqué contre son épaule droite.

3 Puis elle décolle le pied gauche du sol et procède comme précédemment avec la jambe droite, ne s'appuyant plus que sur les mains. Tandis que ses pieds sont dirigés vers le haut, son compagnon la soutient à hauteur des cuisses.

Le Serpent

La double spirale énergétique qui enveloppe les deux moitiés de l'œuf cosmique a été découverte par les yogi dans l'énergie qui sommeille à la base de la colonne vertébrale. Ils nommèrent cette force créatrice Kundalini – mot sanskrit voulant dire serpent, celui de Kâlî – puis ils méditèrent jusqu'à ce que Kundalini se déroule et monte, telle une spirale, pour activer les centres nerveux du corps, dont le premier est celui de l'éveil sexuel.

La sexualité exigeant une réponse, Kâlî engendra le dieu Shiva, qui était à la fois son fils et son amant. De fait, le tantrisme enseigne que l'homme ne peut accéder à la divinité que par le biais d'un rapport sexuel avec une femme, celle-ci détenant plus d'énergie spirituelle et sexuelle que lui, c'est-à-dire que l'orgasme ne l'épuise pas. Mais l'homme peut puiser cette dernière dans l'orgasme féminin, raison pour laquelle le coït tantrique se distingue par l'absence de va-et-vient et de mouvements violents qui déclencheraient l'éjaculation, mettant fin à ce processus, d'où des positions coïtales confinant à l'immobilité et pouvant être prolongées aussi longtemps que désiré. Associée à l'échange d'intenses regards réciproques et à la méditation, la position coïtale s'inspirant du yoga induit une conscience émotionnelle et physique aiguë, un vécu quasi transcendant qui, à la faveur d'une mobilité réduite, voire de l'immobilité totale, porte le femme au comble de l'orgasme.

On attribue à Shiva l'invention du yoga, mot signifiant union. Ainsi, le Maître du Yoga créa les positions engendrant l'équilibre et le recueillement complets du corps, par lesquels le serpent de Kundalini peut s'élever. Par elles, l'acte sexuel, symbole de l'univers tendant à l'équilibre, Shiva peut s'unir à la déesse, lui garantissant le plaisir orgastique simultané à la maîtrise du sien, et puisant ainsi dans son énergie sexuelle.

4 Elle se cambre, pressant son yoni contre lui tout en appliquant son épaule et sa joue sur un coussin. Tandis que, de ses bras, il lui soutient cuisses et fesses, elle plie les genoux, ramenant ses pieds vers sa tête. Appuyant son buste contre la jambe droite de son amant, elle saisit sa cheville gauche de la main correspondante.

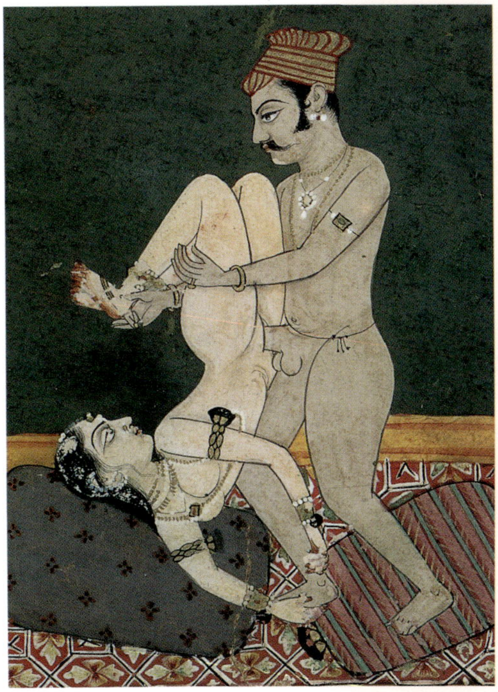

Ci-dessus: Le prince démontre sa force, tandis que sa maîtresse témoigne de son absolue confiance dans sa capacité à la tenir. Sachez que cette position est fatigante et que les vertèbres cervicales féminines sont exposées aux lésions.

Statistiques de l'état civil

Vâtsyâyana classe les amants selon deux critères : taille du sexe et intensité de la passion. Il range les lingams dans trois catégories selon leur taille. Les hommes dotés d'un petit phallus portent le qualificatif de lièvres; ceux possédant une verge moyenne, celui de taureaux; enfin, ceux qui sont gâtés par la nature, celui de chevaux. Chez les femmes, les tailles correspondantes du yoni leur font porter les noms suivants: biches, juments et femelles éléphants. La meilleure compatibilité est réalisée entre lingams et yonis de tailles identiques. De même, l'intensité du désir est faible, moyenne ou forte et, là aussi, l'égalité est souhaitable.

Jadis, en Inde, les sages étaient unanimes à déclarer que les femmes obtiennent la satisfaction maximum des hommes endurants, mais leurs opinions divergeaient quant à savoir si elles éjaculent ou non. Ils avaient remarqué que l'homme ne peut pas prolonger le coït après l'éjaculation, alors qu'une femme peut le faire indéfiniment, certains affirmant que c'était parce qu'elle n'éjacule pas, d'autres déclarant que le sperme s'écoule en permanence de son vagin pendant le coït.

Enfin, Vâtsyâyana énonce ceci : la première fois qu'un homme a un rapport avec une femme, il éjacule rapidement puis, progressivement, acquiert une plus grande maîtrise. Mais l'inverse se produit chez la femme qui, avec le temps, s'abandonne davantage au plaisir orgastique.

Index

Directrice éditoriale Jane McIntosh
Chef de projet Trevor Davies
Directeur artistique Leigh Jones
Recherche iconographique Zoë Holtermann
Réalisation Viv Cracknell
Modèles Angela Langridge de Walpole Model Agency et Patrick Jones de Samantha Bond

Nos remerciements s'adressent, par ordre de succession, aux sources ci-dessous:
Pour la jaquette à : Bridgeman Art Library, London/New York/Victoria & Albert Museum, London, Royaume Uni, pour l'illustration de la première page de couverture. Octopus Publishing Group Limited, pour la photographie de la première page de couverture.

Pour les illustrations figurant dans le corps du texte:
AKG, London/Jean Louis Nou 10 centre; 12; 18 haut; 22; 33 bas, 49, 73, 75, 81, 93, 105, 117, 195.
Bridgeman Art Library, London / New York/Bristish Library, London, Royaume Uni, 24 / Fitzwilliam Museum, Université de Cambridge, Royaume Uni, 7 haut, 45 haut, 69, 77 bas, 85, 89, 97, 121, / Collection privée 6 haut, 27 centre droite, 37, 41, 57, 61, 65, 109, 113, 125.
Christie's Images Ltd/1983 15, 20 haut.
The Art Archive/JFB 101,/Victoria & Albert Museum, London/Eileen Tweedy 16, 28.
Octopus Publishing Group Ltd. 2, 4, 5, 6 gauche, 7 bas, 8-9, 10 haut, 11, 13 haut, 13 centre droite, 14, 17 gauche, 17 droite, 18 bas, 19, 20 bas, 21 haut, 21 bas, 23 haut gauche, 23 haut centre, 23 haut droite, 23 bas droite, 25 haut, 25 centre, 25 bas, 26 haut, 26 bas, 27 haut, 29, 30-31, 32, 33 centre droite, 34, 35, 36, 38 gauche, 38 droite, 39, 40, 42 gauche, 42 droite, 43, 44 gauche, 44 droite, 45 bas, 46 gauche, 46 droite, 47, 48 gauche, 48 droite, 50 gauche, 50 droite, 51, 52, 54 droite, 55 haut, 56, 58 haut droite, 58 bas droite, 59, 60, 62 gauche, 62 droite, 63, 64 haut, 64 bas, 66, 67, 68, 70 gauche, 70 droite, 71, 72, 74 gauche, 74 droite, 74 centre, 76 gauche, 76 droite, 76 centre, 77 haut, 78 gauche, 78 droite, 79, 80 gauche, 80 droite, 82 gauche, 82 droite, 83, 84, 86 gauche, 86 droite, 87, 88, 90 gauche, 90 droite, 90 bas centre, 91, 92 haut gauche, 92 haut centre, 92 bas, 94 gauche, 94 haut droite, 94 bas droite, 95, 96, 98 gauche, 98 droite, 99, 100 haut gauche, 100 haut centre, 100 bas droite, 102, 103, 104, 106 gauche, 106 haut droite, 106 bas droite, 107 haut, 107 bas, 108 haut, 110 gauche, 110 droite, 111, 112, 114, 115, 116, 118, 119, 120, 122 gauche, 122 droite, 123, 124.
Thames & Husdon Ltd/Collection Ajit Mookerjee. Illustrant l'ouvrage édité par Thames & Hudson Ltd, London, 1997, p.53, sur la sexualité sacrée.